SCIENCE ET RELIGION
Études pour le temps présent

CONCILE DE TRENTE

ET LA

RÉFORME DU CLERGÉ CATHOLIQUE

AU XVIe SIÈCLE

par

Paul DESLANDRES

Archiviste-paléographe.

PARIS

LIBRAIRIE BLOUD ET Cie

4, RUE MADAME ET RUE DE RENNES, 59

SCIENCE ET RELIGION
Etudes pour le temps présent

LE CONCILE DE TRENTE

ET LA

RÉFORME DU CLERGÉ CATHOLIQUE

AU XVIᵉ SIÈCLE

par

Paul DESLANDRES

Archiviste-paléographe.

PARIS

LIBRAIRIE BLOUD ET Cⁱᵉ

4, RUE MADAME ET RUE DE RENNES, 59

—

AVANT-PROPOS

Les sources originales de l'histoire du concile de Trente commencent seulement à être connues. Pendant plus de deux siècles, on a vécu sur les travaux de Sarpi et de Pallavicini, et il a fallu la réunion du concile du Vatican pour ramener l'attention sur celui qui l'avait précédé au xvie siècle. Les deux auteurs des principales histoires du concile ont été récemment appréciés par M. de Sickel de la façon suivante (1). Paolo Sarpi a donné des récits « malveillants, mais exacts » ; il a notamment publié beaucoup de lettres de légats. A la suite de cette divulgation, les archives pontificales furent sévèrement fermées. Elles s'ouvrirent au cardinal Pallavicini qui se chargea de répondre à Sarpi et « qui plaida bien plutôt une cause qu'il ne chercha à établir la vérité ».

Des livres de Sarpi et de Pallavicini dérivent deux ouvrages français, les meilleurs que nous ayons actuellement dans notre pays. M. Baguenault de Puchesse a publié, en 1870, un excellent résumé de l'histoire du concile (2) ; ce travail est très favorable à la cour de Rome. Dans un volume de moins de 300 pages, l'auteur a su donner une idée exacte des préliminaires du concile, des discussions les plus importantes et de la manière dont le concile fut accueilli en Europe.

Quatre ans après, un autre écrivain français, L. Maynier, a donné un gros volume de 800 pages,

(1) Préface à la publication de M. Joseph Susta. *Die Römische Curie und der Concil von Trient unter Pius IV.* Vienne, 1904. (Bibl. Nat. 8° H. 6728.)

(2) Paris, chez V. Palmé. (Extrait de la *Revue des Questions historiques.*)

intitulé : *Etude historique sur le concile de Trente* (1).
Encore que l'ouvrage ne soit pas achevé et qu'il ne
conduise le lecteur que jusqu'à l'interruption du concile en 1552, ce travail est utile à consulter parce que
bien des questions d'un grand intérêt, résolues à la fin
du concile, furent soulevées dès le début de l'assemblée.
En réalité, l'ouverture des archives du Vatican par
Léon XIII put seule permettre la préparation d'une histoire critique du concile de Trente, d'après les docu-
ments originaux et authentiques.

L'Allemagne, l'Autriche, la France prennent part à
ce grand travail. Plusieurs chapelains de Saint-Louis
des Français s'occupent des archives de la Nonciature de
France. Mais c'est la *Goerres-Gesellschaft* et l'Aca-
démie de Vienne qui ont assumé la plus grande tâche
par l'intermédiaire de l'Institut allemand et de l'Institut
autrichien de Rome. La *Goerres-Gesellschaft* a entre-
pris la publication des *journaux* et des *actes* du concile :
ont déjà paru en 1901 et en 1904 un volume de journaux publiés par M. Merkle et un volume d'actes,
édités par Mgr Ehses (2). On prévoit que l'ouvrage total
comprendra au moins une dizaine de volumes. Les
dissertations sont en latin.

Un professeur de Prague, M. Susta, a publié, sous la
direction de M. de Sickel, un volume intitulé : *La Cour
de Rome et le concile de Trente sous Pie IV*, d'après
la correspondance de saint Charles Borromée et des
légats. Pour les deux premières périodes, la correspondance des légats ou bien n'existe pour ainsi dire plus,
du moins aux archives du Vatican, ou bien ne paraît
pas utile à publier. Le travail ainsi commencé de
plusieurs côtés à la fois sur des bases aussi larges
promet de donner de beaux résultats. Dom de Bruyne,
analysant la publication de M. Merkle dans la *Revue*

---

(1) Paris, 1874, chez Didier, Bibl. de l'Arsenal, 3166 T.
(2) Bibl. Nat., B, 29069.

Bénédictine d'octobre 1905 (1), dit qu'on peut dès à présent écrire des monographies sur quelques sujets bien délimités, ayant fait au concile l'objet d'une discussion approfondie.

Il a semblé néanmoins possible, en s'en tenant aux résultats déjà acquis et sans répéter ce qu'ont écrit les auteurs français, de tracer dans le cadre de la collection *Science et Religion* un inventaire méthodique des principales décisions du concile de Trente. Ceux qui voudront connaître l'ordre chronologique des sessions pourront se reporter au livre de M. Baguenault de Puchesse plutôt qu'à tout autre. — L'œuvre du concile a besoin d'être étudiée de haut et de loin, en élaguant les détails superflus ou fâcheux, qui rompent l'harmonie de l'ensemble. C'est ainsi qu'à le bien considérer, le résumé de M. Baguenault de Puchesse avec son récit bien suivi, ses notes pas trop longues, est peut-être un plus fidèle portrait du concile que l'ouvrage plus détaillé de Maynier, même en le supposant achevé. Que nous sert, en effet, de connaître les injures échangées entre membres du concile, les intrigues des ambassadeurs et des légats ? Est-il bien important d'attribuer la volte-face du cardinal de Lorraine au meurtre de son frère qui diminuait son influence en France, aux égards que le pape lui témoigna à Rome, plutôt qu'à sa meilleure connaissance des intentions du concile ? Est-il bien utile de déplorer l'aveugle tendresse de Paul III pour ses petits-enfants ? Faut-il juger de l'état de l'Eglise d'Allemagne par les fameux *Cent griefs* ? Le tableau de Maynier, si bourré de faits, est parfois confus et plus curieux qu'exact, et la vraie image du concile est reflétée par la liste de ses décrets.

Il ne faudra donc chercher dans le présent opuscule que les traits généraux du concile, sa méthode de travail et les principes qui le guidèrent dans la définition

(1) P. 573-580.

des dogmes et dans la restauration de la discipline ecclésiastique. Ses décrets seront cités, en leurs propres termes, d'après la traduction publiée par l'abbé Chanut (4e édition, Paris, 1705) (1) dans un format très commode, précédée d'une table des chapitres et suivie d'une bonne table méthodique, mais sans aucun commentaire. Pour les discussions préliminaires, il sera bon de se reporter aux ouvrages français déjà cités. Quant à l'effet produit sur l'Eglise catholique par les décrets du Concile, on pourra en lire le tableau tracé par Cantu dans ses *Discours* sur *la Réforme et le Concile de Trente* (trad. franç., Paris, 1871) (2).

(1) Bibl. de l'Arsenal, 3155 T, sous ce titre : *Le Saint Concile de Trente, œcuménique et général.*
L'approbation des docteurs est du 25 juillet 1674.
Je citerai seulement la session, le chapitre et le numéro de la page où le décret est reproduit dans Chanut.

(2) Bibl. Nat., B, 10360.

LE CONCILE DE TRENTE

ET

LA RÉFORME DU CLERGÉ CATHOLIQUE AU XVIᵉ SIÈCLE

CHAPITRE PREMIER

La vie intérieure du Concile.

I. — *Lieu de réunion.*

Un concile œcuménique était nécessaire pour remédier aux abus qu'avait mis en lumière la rébellion de Luther. Ces abus de l'Eglise romaine ne sont pas contestés aujourd'hui par les auteurs les plus catholiques. Malheureusement les nombreuses guerres entre François Iᵉʳ et Charles-Quint eurent pour principal théâtre l'Italie, où les grands conciles avaient l'habitude de siéger, et par suite elles constituèrent longtemps un obstacle à la réunion du nouveau concile. Même après son ouverture, un pareil état de choses amena de graves difficultés à ce que l'Europe catholique tout entière y fût représentée. D'autre part, la cour de Rome avait mis longtemps à comprendre la nécessité de réunir le concile. Après Léon X, qui n'avait d'abord vu dans les propositions de Luther contre Tetzel qu'une querelle de moines, Adrien VI, le dernier, jusqu'à nos jours, des papes non italiens, n'eut le temps de montrer que sa bonne volonté en envoyant Cheregato auprès de la diète de Nuremberg. Clément VII s'efforça, pendant tout son pontificat, de reculer l'échéance fatale ; il faut avouer que le sac de Rome par les lansquenets n'était pas de nature à lui donner une grande confiance en Charles-Quint. Le pape, au surplus, n'était pas le seul à avoir voix au chapitre : il y avait tous les officiers qui vivaient des charges de sa cour, les Italiens bénéficiaires de prélatures étrangères où ils ne résidaient jamais (1); les détenteurs de nombreux bénéfices cumulés, les familles des différents papes, en un mot tous ceux qui pouvaient avoir beaucoup à perdre à l'ouverture d'un concile. La persistance des mauvaises habitudes de la cour pontificale est manifestée par ce fait que Paul III, au moment de la réunion du concile, qu'il avait été forcé d'accorder à l'empereur, fit cardinal son petit-fils Ranuce, âgé de quinze ans, bien qu'il fût défendu de créer des cardinaux pendant qu'un concile est assemblé (2). Enfin, après bien des retards, la première réunion put se tenir le 13 décembre 1545 à Trente. La bulle du 22 mai 1542 avait lancé la convocation pour le 1er novembre 1542. Ainsi trois ans de retard n'incombent pas au pape.

Pourquoi se réunit-on dans cette ville ? C'eût été un défi aux protestants que de convoquer le Concile à Rome ; les villes de Vicence et de Mantoue avaient été successivement proposées et écartées. Le pape d'ailleurs ne pouvait accepter une ville allemande. Trente fut choisie en Allemagne, à la diète de Spire et acceptée par le pape. Cette ville située sur l'Adige, dans le Tyrol italien, gouvernée par un prince-évêque, le cardinal Madrucci (3), de concert avec un délégué du comte de Tyrol (en l'espèce, Ferdinand, frère de Charles-Quint),

(1) Maynier en a donné un exemple pour le siège épiscopal de Marseille, p. 312, n.

(2) MAYNIER, p. 194. Plus tard l'ancien légat del Monte, devenu pape en 1550 sous le nom de Jules III, semblera peu se soucier du Concile en renouvelant à Rome les divertissements de Léon X. (MAYNIER p. 590.)

(3) Un de ses parents lui succéda dans son évêché au cours du concile.

était au débouché du col le moins élevé des Alpes, par
suite facilement accessible du côté de l'Allemagne, pays
dans l'intérêt duquel le concile se tenait principalement.
Trente devait inspirer quelque confiance aux protestants : « Elle avait été laissée sans garde pour ôter même
le soupçon de la moindre atteinte à leur plus entière liberté, » comme il est dit dans le discours prononcé à la
clôture du concile par l'évêque de Nazianze (1). Lorsqu'on se rendait de France en Italie, Trente n'était pas
sensiblement écartée de la grande route Turin-Milan-
Venise ; quant aux Espagnols (pour ne pas parler de
la Grande-Bretagne et de la Scandinavie devenues pro-
testantes), toute ville italienne était pour eux à peu
près équivalente sous le rapport de la longueur du
voyage.

En considération des avantages que Trente présen-
tait pour être le siège du concile, Charles-Quint résista
de toutes ses forces aux légats quand, sous des pré-
textes spécieux, ils usèrent de la faculté qui leur en
avait été donnée d'avance par Paul III et firent voter,
en 1547, la translation (2) du concile à Bologne, ville
plus éloignée de l'Allemagne et soumise à l'autorité du
pape.

En attendant la reprise du concile, les évêques espagnols restèrent à Trente, tandis que les Italiens se ren-
daient à Bologne. La résistance de l'empereur avait
éclairé la cour de Rome. Aussi est-ce à Trente que
Jules III, le 1er décembre 1550, convoqua de nouveau
le concile pour Pâques 1551.

(1) Cité par M. BAGUENAULT DE PUCHESSE, p. 248.
(2) Cette translation, suivie d'une nouvelle suspension du concile,
donna lieu à la question suivante : Y eut-il un seul concile ou trois
conciles successifs ? Cette dernière opinion était soutenue par les
Français et par les Impériaux. Les Italiens tenaient naturellement
pour la *continuité*. M. Baguenault de Puchesse loue l'habileté des
légats et de la majorité du concile d'avoir toujours su éviter de se
prononcer sur cette matière délicate. Dans la dernière session,
d'ailleurs, les décrets parus sous Paul III et sous Jules III furent lus
à nouveau et confirmés en même temps que ceux portés sous Pie IV,
ce qui trancha la question de fait.

Lorsque l'invasion du Tyrol par Maurice de Saxe donna lieu de craindre pour la sécurité du concile, bien plus visé que l'empereur lui-même, au dire de l'historien anglais Froude, l'assemblée fut simplement suspendue pour deux ans (1) (28 avril 1552).

La suspension se prolongea bien plus longtemps, par suite de la guerre survenue entre Paul IV et l'Espagne, sans parler de la lutte de Henri II contre Charles-Quint et Philippe II. A peine le traité de Cateau-Cambrésis eut-il été signé que Pie IV, par une bulle du 1er décembre 1560, décréta la réouverture du concile pour Pâques 1561 (2). C'est seulement en janvier 1562 que commença réellement la troisième période du concile (3). Cette fois encore, son siège fut maintenu sans difficulté à Trente, de sorte que cette petite ville, inconnue jusqu'alors, conserva jusqu'à la fin l'insigne honneur d'avoir abrité dans ses murs un des plus célèbres conciles qui aient réformé l'Eglise catholique.

II. — *Les Assistants.*

Le nombre des dignitaires de l'Eglise prenant part aux travaux du concile subit de fréquentes variations : il alla généralement en augmentant jusqu'à la fin. Comme les dénombrements des Pères présents à la clôture du concile, le 4 décembre 1563, ne sont pas rigoureusement identiques chez les divers historiens, contentons-nous de dire que sur les 255 signataires mentionnés le plus généralement, il y avait 168 évêques réellement présents. Il y avait aussi des cardinaux, des généraux d'ordre, des abbés supérieurs de congrégations, sans parler des légats présidents du concile dont il sera question plus tard.

(1) Chanut, p. 189.
(2) Ibid., p. 195.
(3) Ibid., p. 204.

Beaucoup d'évêques, surtout parmi ceux d'Allemagne, ne purent se rendre personnellement au concile, retenus qu'ils étaient dans leurs diocèses par les nécessités de la lutte contre l'hérésie. Ils envoyèrent pour les représenter des procureurs, auxquels les légats refusèrent d'abord le droit de vote. A la suite de plaintes des Allemands à ce sujet, le pape adressa aux légats une bulle accordant aux procureurs le droit de vote, mais les légats, dans la crainte de voir les prélats s'abstenir de plus en plus d'assister personnellement au concile, ne jugèrent pas opportun de leur donner connaissance de la décision pontificale (1).

Les abbés ne furent pas admis à voter, bien qu'ils eussent été convoqués au concile ; une exception fut faite cependant en faveur de trois abbés bénédictins à qui une voix collective fut accordée.

Les prélats d'Italie fournirent le plus grand nombre d'assistants, de façon à constituer une majorité sur toutes les questions qui pourraient se présenter touchant les privilèges de la cour de Rome ; le surplus se composait des prélats d'Espagne, de France (surtout dans la troisième période), d'Allemagne, de Hongrie, de Pologne ; on compta même un évêque grec.

Les Espagnols se distinguaient en général par une grande austérité, un désir de la réforme la plus complète : ils formaient le parti extrême du catholicisme.

Les Allemands, sous l'influence de l'Empereur, désiraient à la fois l'extirpation des abus de la cour de Rome et la réconciliation avec les protestants sur des bases raisonnables. Tel était aussi l'avis des évêques français ; mais la régente Catherine de Médicis, en les envoyant au concile, leur donna des instructions toutes particulières dont il sera question plus tard.

On voit qu'au temps où ses membres étaient le plus

____

(1) En mai 1546, les légats accordèrent cependant la voix délibérative au jésuite Claude Lejay et à Antoine Storch, procureurs des archevêques d'Augsbourg et de Trèves. (MAYNIER, p. 323.)

nombreux, le concile devait être partagé en quatre fractions, entre lesquelles des alliances étaient possibles sur certains points, de sorte que la majorité pouvait facilement se déplacer.

Le premier soin d'une assemblée est d'élire son bureau. Le pape Paul III, non content de nommer trois légats pour présider, avait encore désigné l'avocat et le secrétaire du concile. Les Pères protestèrent : « Nous avons voulu éclairer votre choix, et non le contraindre, » dit le premier légat (1). Les deux élus du pape se retirèrent et le concile put nommer ses officiers. Severoli (2) devint procureur fiscal et *promoteur,* c'est-à-dire chargé de requérir contre les délinquants. Massarelli, d'abord secrétaire-adjoint, puis secrétaire en titre, tint un journal très utile, mais très favorable à la cour de Rome. Il conserva ses fonctions jusqu'à la fin et rédigea les actes du concile (3). D'autres prélats furent chargés de veiller à la subsistance du concile (4), ce qui n'était point une sinécure ; d'autres enfin étaient scrutateurs.

Le concile faisait lui-même sa propre police. Lorsque l'évêque de la Cava tira la barbe de l'évêque de Chiron, l'assemblée tout entière exclut le délinquant de son sein. Parfois l'intéressé se punissait lui-même. Dans un discours, Laynez émit au sujet des Français quelques propositions un peu vives ; il alla aussitôt après faire des excuses au cardinal de Lorraine (5). Un calembour d'un Italien était relevé par un Français, du même ton. Comme on se rappelait le proverbe : *verba volant,*

-----

(1) MAYNIER, p. 216.

(2) Il tint un journal destiné au cardinal Farnèse ; c'est notre meilleure source de renseignements pour les quatre premiers mois du concile, avant l'arrivée de Massarelli.

(3) *Revue Bénédictine,* oct. 1905, article cité, p. 577. Massarelli mourut en 1566.

(4) Pour subvenir à leurs dépenses pendant leur séjour à Trente, les évêques bénéficiaient d'exemptions de décimes et de diverses allocations.

(5) BAGUENAULT DE PUCHESSE, p. 179.

scripta manent, les discours prononcés étaient soigneusement revus et recevaient, avant la publication, des modifications considérables. Quant aux lettres de créance des ambassadeurs et aux réponses officielles du concile, elles étaient en général communiquées d'avance (1). C'est ainsi que la plupart des incidents étaient évités.

III. — *Questions discutées et méthode de travail.*

Quelles questions le concile, réuni enfin à la fin de décembre 1545, allait-il traiter ? La cour de Rome, peu soucieuse de voir toucher à ses privilèges, désirait que l'on commençât par condamner les erreurs des protestants, après quoi l'on s'occuperait de la réforme disciplinaire. Mais la majorité se souvint du concile de Constance et des résistances de la cour de Rome à la convocation de tout concile réformateur. Sur la proposition de l'évêque de Feltre, Campeggi, les Pères décidèrent de s'occuper simultanément de dogme et de discipline. Cette pratique fut constamment suivie et toutes les sessions où furent rendus des décrets virent promulguer à la fois des décrets dogmatiques et des décrets disciplinaires. On forma donc, dès l'abord, deux grandes congrégations, qui se consacrèrent chacune à l'un de ces ordres de questions. La congrégation des dogmes se réunit chez le légat Cervini et la congrégation de la discipline chez le légat del Monte.

Cervini rassembla plusieurs propositions de Luther et demanda à la congrégation qu'il présidait si elle était d'avis de les condamner. Le premier examen des questions dogmatiques, particulièrement délicates, fut tou-

(1) Il n'en fut pas de même, lors de l'audience d'Amyot, car la suscription seule de sa lettre suffit à déchaîner un orage. Le latin fut uniquement employé au concile.

jours réservé à une commission de théologiens (1). Ces utiles auxiliaires étaient amenés par les prélats ou députés par le pape ou par quelque corps savant, comme la Sorbonne. Ils avaient accès dans les congrégations, mais non droit de vote. C'étaient des personnages très éminents, chargés du rôle ingrat de compulser les écrits des novateurs, de scruter les textes des Pères de l'Eglise, de fournir des arguments aux prélats. Ce n'est pas à dire que lorsque leur talent leur permettait de sortir de ce rôle d'érudition, ils ne pussent occuper l'attention générale. Laynez, d'abord théologien du pape, parut dans la dernière période du concile en qualité de général des Jésuites. D'autres religieux du même ordre et des dominicains prirent aussi part aux recherches dans les ouvrages des Pères, qui avaient pour but d'éclairer le vote du concile. En somme, aucun talent ne fut écarté et l'Assemblée ne se refusa aucun éclaircissement, soit écrit, soit oral, sur les questions controversées.

Ces séances préparatoires étaient parfois publiques : de grands discours y étaient prononcés, en latin comme dans les séances privées : Salmeron parla sur la Messe pendant plusieurs heures, devant deux mille personnes, quoique, selon la malicieuse remarque de M. Baguenault de Puchesse (p. 123), on eût, la veille, limité la durée des discours à une demi-heure.

Les évêques assistaient aux discussions des théologiens pour se faire une opinion. Des commissions d'évêques résumaient les discours et présentaient leurs conclusions aux congrégations assemblées séparément chez les légats. Celles-ci émettaient un avis à la majorité, et l'on procédait ensuite au vote dans la congrégation générale. Chaque Père répondait : *Placet !* ou *Non placet*, avec ou sans restriction ou réserves, par exemple : *avec renvoi au Pape,* ou *avec promesse de se sou-*

____

(1) Pour être consciencieux, cet examen était forcément très long. A chaque période du concile, il fallut en moyenne six mois pour que les Pères fussent à même de rendre un décret.

mettre à son autorité. Les prélats pouvaient même s'abstenir, comme le fit l'évêque d'Agde, peu soucieux de se prononcer lors de la translation à Bologne (1).

Les définitions de dogme devaient avoir lieu à l'unanimité ; aussi étaient-elles particulièrement bien préparées. Sur la question de l'Écriture Sainte, par exemple, chacune des congrégations nomma deux de ses membres pour former une commission chargée de rédiger le décret (2).

Pour des points plus délicats, comme la question de l'institution des évêques, il y eut une procédure spéciale : le second cardinal Madrucci et le cardinal de Lorraine choisirent sept archevêques et sept évêques pour délibérer avec eux (3).

Quelle que fût d'ailleurs la question discutée, on procédait par votes successifs, jusqu'à ce que la nécessité fût satisfaite. On trouve à peine un exemple d'une opposition dont il n'ait pas été tenu compte (4). Bien des fois, par esprit de conciliation, la majorité amenda sa rédaction dans le sens des objections présentées, afin que le jour de la session, à laquelle le public assistait, le vote fût unanime et seulement émis pour la forme. Un désaccord au jour de la session ne pouvait être tranché que par une décision du pape (5).

La *session* était donc, dans le sens strict, la séance au cours de laquelle avait lieu le vote solennel, et où les décrets patiemment élaborés étaient proclamés ; la date en était fixée à l'avance, lors de la session précédente, selon la durée probable des travaux. Elle se tenait souvent le jeudi. Cependant le concile se réserva le droit de la retarder (la XXIVe fut retardée de neuf jours) et

(1) MAYNIER, p. 508.
(2) IBID., p. 258.
(3) BAGUENAULT DE PUCHESSE, p. 158.
(4) Lors du décret sur la résidence. BAGUENAULT DE PUCHESSE, p. 183, n.
(5) Pie IV donna raison à la majorité pour l'invalidation des mariages clandestins, jusque là reconnus par l'Eglise.

parfois même de l'avancer, comme il fut fait pour la XXV⁰ et dernière (1). Le programme en était parfois indiqué à l'avance ; ainsi à la fin de la XIV⁰ session, le concile déclara ce qu'il entendait traiter dans la suivante.

On a pu assez légitimement entendre le mot de *session* comme désignant l'ensemble des travaux précédant le vote des décrets plutôt que comme se référant à l'unique journée qui en était le brillant résumé.

Aucune majorité n'ayant pu se former sur la question de la concession du calice aux fidèles, elle fut réservée à un autre temps, puis renvoyée au pape. Parfois, le concile réservait seulement quelques articles des Décrets, pour attendre même les hétérodoxes qui auraient voulu présenter des objections. Le plus illustre exemple est la réserve de quatre articles sur l'Eucharistie, à la demande de Charles-Quint, pour entendre les protestants.

IV. — *Forme de ses décisions.*

Le concile, s'étant occupé de deux ordres de questions, promulgua naturellement deux sortes de décrets, les uns en matière de dogme et les autres en matière de discipline ou de réformation.

Les décrets dogmatiques, souvent précédés d'expositions de doctrine (2) (voir notamment la VI⁰ et la XIII⁰ session) sont accompagnés de *canons*. En effet, « il n'est pas suffisant d'établir la vérité si l'on ne découvre et ne rejette aussi les erreurs (3). » Les canons sont des paragraphes concis, par lesquels le concile

---

(1) La XXV⁰ session fut prorogée au lendemain pour achever le décret relatif aux indulgences.

(2) Dans le décret sur l'Ordre (XXIII⁰ session) il y a une « condamnation des erreurs de notre temps ». Voilà, trois siècles à l'avance, le titre du *Syllabus*. (CHANUT p. 265.)

(3) CHANUT, p. 117.

déclare anathème à ceux qui favorisent certaines opinions. Ces condamnations ont force de loi pour tous les catholiques.

Les décrets de réformation ne sont pas accompagnés de censures. Parfois il en fut porté plus d'un dans la même session, de sorte que le numérotage en est assez délicat. Sauf celui du mariage (XXIVᵉ session) et celui des réguliers (XXVᵉ session), ils ne portent point de titre.

On peut s'étonner que les résultats de plusieurs années de travaux puissent être contenus dans un livre de 450 pages. Mais on verra plus tard tous les obstacles extérieurs apportés à la marche du concile. Des vingt-cinq sessions, les trois premières ne furent tenues que pour régler des questions de forme ; elles furent employées à donner un avis moral aux Pères et aux habitants de Trente, à prononcer le symbole de la foi et à fixer le programme des travaux.

Pendant la translation à Bologne, il ne fut porté aucun décret, afin de ne pas accentuer le schisme avec les prélats restés à Trente.

Enfin, plusieurs sessions ne furent annoncées que pour être prorogées, les décrets qui avaient été discutés n'étant pas encore prêts.

C'est ainsi que dans onze sessions seulement sur vingt-cinq (4 à 7, 13 et 14, 21 à 25) furent portés des décrets importants. La période la plus féconde fut incontestablement celle des cinq dernières sessions, où assistèrent le plus de prélats français ; on en peut voir la preuve en constatant que, dans les récits des historiens aussi bien que dans le recueil des décrets, la troisième période occupe largement la moitié de tout l'espace consacré au concile. Elle vit, en effet, résoudre bien des questions qui avaient été agitées antérieurement, mais dont la solution n'avait pu alors réunir une majorité, en raison des influences diverses mises en œuvre auprès du concile.

CHAPITRE II

Les Papes et le concile.

Les papes Paul III, Jules III et Pie IV ne parurent jamais aux réunions du concile. Le premier, d'une volonté énergique, mais d'un âge avancé, n'aurait pas voulu probablement, sans ce dernier motif, se conformer à la tradition assez récente qui ne permettait pas au pape de s'éloigner de Rome ; auparavant, en effet, des papes s'étaient déplacés pour aller présider les conciles de Clermont et de Lyon. Mais, tout en n'assistant pas aux sessions du concile de Trente, Paul III et ses successeurs n'entendaient pas borner leur rôle à en expédier les convocations. Les souverains pontifes étaient trop intelligents pour ne pas comprendre que certains actes de leurs prédécesseurs avaient indisposé même un grand nombre de catholiques. Les privilèges financiers, comme les annates, les expectatives, l'évocation de procès en cour de Rome où les parties étaient tenues de comparaître en personne, étaient vus de mauvais œil hors d'Italie, et les charges qui en résultaient devaient à l'avenir peser d'autant plus lourdement sur les nations restées catholiques que celles-ci seraient désormais moins nombreuses à les supporter. La question des suprématies respectives du pape et du concile avait été si ardemment débattue dans le xv⁰ siècle que les échos de ces controverses n'étaient point encore éteints au milieu du xvi⁰. Il y avait donc, pour le pape, de grands dangers à courir si certaines questions étaient inopportunément soulevées. De là, à la cour pontificale, une grande défiance pour la réunion de tout concile. Puisqu'il était devenu nécessaire de l'accorder aux instances de l'empereur d'Allemagne, du moins fallait-il que l'assemblée fût dirigée par des personnages entièrement dévoués : ce furent les légats. Il y en eut toujours plusieurs, et tous ceux qui furent choisis étaient des hommes de grande valeur. Les premiers furent les cardinaux del Monte, qui devint Jules III, Cervini qui occupa également le trône pontifical sous le nom de Marcel II, et l'Anglais Pole, de l'illustre maison de Suffolk, qui n'était pas encore prêtre. Le premier légat avait la présidence du concile, et chacun des autres celle des congrégations particulières dont il a déjà été question. Par la force des choses, leur rôle devait être prépondérant. En face d'une assemblée de nations diverses, d'intérêts souvent contraires, ils savaient ce qu'ils voulaient, ils étaient au courant de toutes les questions à soulever ou à éviter ; à chaque instant ils demandaient des instructions à Rome.

Ils *proposaient*, en fait, presque tous les sujets soumis à la discussion du concile, mais l'assemblée ne voulut pas le leur reconnaître comme un droit. Les Pères du concile, satisfaits d'avoir gardé l'élection de leurs officiers, ne réclamèrent jamais sérieusement contre la prééminence des représentants directs du Pape.

Dans sa déplorable idée de mettre fin au concile à la première velléité d'indépendance qu'il montrerait, le pape avait donné d'avance aux légats la faculté de le transférer à leur gré ; ils se hâtèrent donc de profiter d'une épidémie qui éclata à Trente en 1547 et que le médecin Fracastor ne voulut pas soigner (1), déclarant que c'était la peste, pour produire la bulle pontificale et pour faire voter la translation à Bologne. Ce fut fort

_____

(1) Deux des Pères moururent, et les autres montrèrent plus de peur que de courage. Ceux qui restèrent à Trente ne furent d'ailleurs pas malades.

régulier sans doute, mais l'effet d'une politique à courte
vue (1) qui eut pour résultat de retarder pour longtemps
la réalisation des espérances de l'Europe chrétienne.

Jules III, ayant rouvert le concile à Trente, au début
de l'année 1551, parce qu'il n'y avait plus de maladie à
Trente, choisit pour légat le cardinal Crescenzio qui
« taxait d'hérésie ceux qui ne reconnaissaient pas la
supériorité du pape sur le concile », en lui adjoignant
deux simples évêques, Pighini et Lippomano. Crescenzio surveillait scrupuleusement les discours des Pères,
leur laissait le moins possible expliquer leurs votes, au
point que des prélats espagnols disaient ouvertement
que le concile n'était pas libre. Suivant l'exemple d'un
tel chef, Pighini, en tant qu'auditeur de la Chambre
apostolique, réclama la censure contre les opinions
émises et la juridiction sur l'évêque de Fiesole comme
« coupable d'avoir méconnu les privilèges du Saint-
Siège (2) ». Il gagna à ces excès de zèle qui déplurent
à l'assemblée un chapeau de cardinal. Crescenzio
mourut à la fin de la session ; deux de ses successeurs
eurent le même sort pendant la période qui s'ouvrit
dix ans après. Le rôle de président du concile astrei-
gnait en effet à de grandes fatigues, à une correspondance continuelle avec le pape, à qui il fallait en réfé-
rer sans cesse, de crainte de lui déplaire. A la suite
d'instructions reçues, le premier légat réussit à empêcher le vote de mesures déplaisantes pour le pape ; du
moins ne put-il jamais fermer la bouche des Pères du
concile.

Pie IV multiplia le nombre des légats (3) ; il y en

(1) Le pape lui-même déclara qu'il eût mieux valu terminer rapide-
ment le concile que le transférer.

(2) MAYNIER, p. 4!9.

(2) M. de Sickel (préface à l'ouvrage cité de M. Susta), recon-
naît que dans cette troisième période il y eut beaucoup de pression
de la part de la cour de Rome. Il ne se prononce pas encore sur
l'efficacité de cette pression. Mais on peut deviner qu'il attribue l'importance des décisions du concile à sa maturité, à sa plus grande

eut cinq, les cardinaux de Mantoue, Seripando, Hosius, Simonetta et son propre neveu, Altemps, dont le rôle fut très effacé, au point que M. Baguenault de Puchesse ne le cite jamais. De plus, le tout jeune cardinal Charles Borromée (1), également neveu du pape et demeuré auprès de lui, était en correspondance directe et fréquente avec les légats, étroitement surveillés d'ailleurs, selon une pratique à laquelle la cour de Rome ne pouvait renoncer dans l'intérêt même de la papauté.

Moins habiles ou plus francs que leurs devanciers, les nouveaux légats prétendirent faire insérer, en préambule des décrets à voter, la formule nouvelle : *sur la proposition des légats*. Le concile protesta vivement, et la majorité décida finalement que rien ne serait changé aux usages antérieurs du concile. Il serait exagéré de prétendre qu'à cette époque surtout, les légats seuls proposèrent les questions à étudier : à mesure que le concile se prolongeait, les Pères devenaient plus expérimentés. Bien des questions furent discutées, dont les légats n'avaient nullement pris l'initiative. Ils pouvaient faire d'ailleurs des propositions pour provoquer ou repousser l'étude de tel ou tel point de doctrine ou de discipline et être battus au moment du scrutin. Ils devaient entendre patiemment bien des critiques et notamment l'austère archevêque de Grenade, Barthélemy des Martyrs, dire que les éminentissimes cardinaux avaient besoin, eux aussi, de réforme (2).

Pie IV, mécontent d'avoir vu les légats se diviser sur la question de l'institution des évêques, voulut un instant retirer le titre de premier légat au cardinal de Mantoue, qui mourut d'ailleurs sur ces entrefaites. Il

conscience de ses droits et de ses devoirs, bref à sa plus réelle indépendance.

(1) Il profita d'ailleurs admirablement des enseignements du Concile.

(2) BAGUENAULT DE PUCHESSE, p. 105.

s'empressa ensuite de nommer Morone président du Concile, pour ne pas céder à ceux qui soutenaient la candidature du cardinal de Lorraine (1), qui avait d'abord pris rang dans le parti de l'opposition. Sauf le moment où les légats de Pie IV, ayant reçu des nouvelles alarmantes de la santé du pape, s'en servirent pour impressionner le concile et hâter sa conclusion, ils permirent toujours à l'assemblée de délibérer avec calme et dignité. Peut-être d'ailleurs, en pressant la fin du concile, obéissaient-ils au désir secret des Pères, car lorsque ceux-ci apprirent l'amélioration de la santé du pape, ils ne songèrent pas pour ce motif à prolonger le concile.

Cependant si l'autorité du pape sur les catholiques sortit sans atteinte de la tourmente, issue de la Réforme, la cause doit en être attribuée aux vertus et aux talents des pontifes éminents qui suivirent le concile, comme saint Pie V et Sixte-Quint, qui rehaussèrent l'éclat du siège de saint Pierre, plutôt qu'à la ténacité avec laquelle les légats avaient maintenu la prérogative pontificale.

On ne peut assez admirer le courage et la clairvoyance du concile. Ce n'est pas la vision du mal qui lui manque, c'est le pouvoir d'y porter remède. S'il mit des ménagements dans la lutte contre les abus dont bénéficiaient des cardinaux (2), on ne peut nier qu'il les ait vus clairement. Il abolit les grâces expectatives et les réserves mentales de bénéfices (3), *même pour les cardinaux*. Il appliqua à ceux-ci les principes sur le train de vie des

(1) Lors de la venue de celui-ci avec les évêques français, Pie IV avait envoyé à Trente une nouvelle fournée de prélats italiens pour renforcer sa majorité. BAGUENAULT DE PUCHESSE, p. 139.

(2) Voici, par exemple les prélatures qu'exerça à diverses époques de sa vie, le cardinal Hippolyte d'Este : archevêchés de Milan, de Narbonne, de Lyon, d'Arles, d'Auch ; les évêchés d'Autun, de Saint-Jean-de-Maurienne, d'Orléans ; les abbayes de Saint-Médard, de Soissons, de Pontigny, de Boulbonne. (RENÉ SCHNEIDER, *la Villa d'Este à Tivoli. Revue des Pyrénées*, 4ᵉ trimestre 1905, p. 528.)

(3) Session XXIV, ch. 19, p. 353.

prélats et le népotisme (1) y compris les peines contre
les non-résidents (2).

Au sujet de l'abus des commendes, dont il sera question plus loin, le concile voulut croire que le Saint-
Père, « selon sa piété et sa prudence ordinaire, aurait soin
qu'aux monastères présentement en commende soient
établies des personnes régulières pour les gouver-
ner (3) ». Le Concile aurait souhaité « ramener les monastères en la discipline convenable, *mais la condition
des temps est si dure et si difficile* qu'il n'est pas possible
d'apporter si tôt remède à tout (4) ». Ces indications
bien claires furent assurément comprises de ceux aux-
quelles elles s'adressaient, car le cardinal de Lorraine,
après son retour en France, « se retrancha un peu de la
pluralité de ses bénéfices (5) ». Même en ce qui concerne
les cardinaux, quoique le concile se soit borné à *recom-
mander* au pape leur choix parmi toutes les nations
catholiques, on ne peut dire que son œuvre ait été inutile.

Il pouvait seulement émettre à leur sujet des vœux,
qui ne liaient pas obligatoirement le pape ; le concile
n'avait point le droit, par exemple, d'en limiter le
nombre à deux par nation (6).

Cependant les cardinaux trouvèrent assurément
profit à méditer ces belles paroles du second décret de
la XXV⁶ session : « Les cardinaux... assistant de leurs
conseils le très Saint-Père dans l'administration de
l'Eglise universelle, ce serait une chose bien étrange si,
en même temps, il ne paraissait pas en eux des vertus
si éclatantes et une vie si réglée qu'elle pût attirer juste-

(1) Session XXV, 2ᵉ décret, chap. I, *Ibid.* p. 392.
(2) Session XXIII, chap. II, p. 278.
(3) *Notes sur le Concile de Trente* (Bruxelles 1721), p. 416.
(4) Session XXV, chap. XXI, p. 386-387.
(5) Cité dans BAGUENAULT DE PUCHESSE, p. 277.
(6) Comme on sait, Sixte-Quint a fixé leur nombre à 70; les cardinaux italiens sont toujours en majorité.

ment sur eux les yeux de tout le monde (1). »

Quant à leur choix, le concile n'osait-il pas dire au pape de les prendre ainsi que les évêques, parmi les gens de bien « d'autant plus que Notre-Seigneur Jésus-Christ doit lui demander compte du sang de ses brebis qui auraient péri par le mauvais gouvernement des pasteurs lâches et négligents dans leur devoir (2) ».

Si le Saint-Père était « engagé par le devoir de sa charge à veiller sur l'Eglise universelle (3) », s'il devait prendre soin des Universités qui étaient sous sa protection (4), on ne pouvait en revanche « rien décider de nouveau et d'inusité dans l'Eglise sans l'avoir consulté (5) » et il réglait lui-même « tout ce qui serait expédient à l'Eglise pour l'extirpation des abus (6) ».

Il est donc permis de conclure que, malgré quelques expressions sévères dont elle fut l'objet, la prérogative pontificale sortit intacte et plutôt même fortifiée des longs débats institués au concile de Trente.

CHAPITRE III

Les rois et le concile.

Les laïques ne faisaient pas partie du concile, mais ils y exercèrent une réelle influence. Il n'est point ici question du peuple, dont l'intervention dans l'église n'existe plus depuis le moyen âge, mais des ambassadeurs princiers. Charles-Quint et ses successeurs :

(1) Session XXV, 2ᵉ décret, chap. ɪ et ɪɪ, p. 392.
(2) Session XXIV, chap. ɪ, p. 321.
(3) Session XXIV, chap. ɪ, p. 322.
(4) Session XXV, 2ᵉ décret, chap. ɪɪ, p. 394.
(5) Décret de l'Invocation des Saints, p. 365.
(6) Décret des Indulgences, p. 426.

l'empereur Ferdinand et le roi d'Espagne Philippe II,
se firent représenter à Trente par des envoyés de rang
distingué, Mendoza, François de Tolède, Vargas, Pes-
caire, le comte de Luna. Disposant d'une certaine
influence sur les prélats de leurs pays, ils les réunis-
saient souvent chez eux, et ils essayaient de les
diriger suivant les vues successives et parfois contradictoires de leurs maîtres. Les légats avaient également recours à l'ambassadeur pour exercer une influence sur les prélats. Par contre, on vit Don François
de Tolède offrir, de lui-même, son appui aux légats
pour discipliner les évêques. Ce seigneur était d'ailleurs
d'une grande hauteur (1) et traitait les évêques de façon
à les froisser dans leur dignité, de sorte que le fameux
Granvelle était fort embarrassé de répondre, quand les
mécontents lui soumettaient la question des égards à
avoir pour l'ambassadeur.

De plus petits Etats, comme la république de Venise,
qui devait être la première à reconnaître les décrets du
concile, entretinrent à Trente des ambassadeurs, auteurs de relations dont M. Armand Baschet a publié
en 1870 un intéressant spécimen.

Quant à la France, du commencement à la fin du
concile, elle changea quatre fois de souverain ; on ne
saurait donc attendre d'elle la même suite dans les
idées que de la part de l'empereur. Après François Ier
qui favorisa le concile, Henri II défendit à ses sujets de
s'y rendre, interdit tout envoi d'argent à Rome, menaça
de renouveler la Pragmatique sanction de Charles VII,
et chargea Amyot de répéter au concile la protestation
faite à Rome par M. de Thermes. A la troisième
période, Catherine de Médicis, régente, se ravisa et
envoya des prélats français à Trente, les chargeant de
présenter des demandes hardies, que le cardinal de
Lorraine jugea prudent de tempérer lorsqu'il eut à les

____

(1) MAYNIER, p. 672.

énoncer. Il faut reconnaître que la communion sous
les deux espèces et le mariage des prêtres étaient moins
désirés en France qu'en Allemagne. Puis, s'étant
brouillée avec Pie IV, Catherine de Médicis délégua à
Trente et à Innsbruck le président de Birague
(2 juin 1563) avec mission d'annoncer au concile la paix
d'Orléans accordant la tolérance aux huguenots et de
négocier avec l'empereur Ferdinand la translation du
concile dans 'une ville d'Allemagne (1). Quant à sa
menace de réunir un concile national qui n'eût certes
pas offert plus de garanties aux prélats français, elle
revenait périodiquement et n'était prise au sérieux par
personne. Quelque temps après, Catherine enjoignit
aux ambassadeurs et prélats français de quitter Trente.
Les ambassadeurs seuls partirent, et se retirèrent à
Venise ; le cardinal de Lorraine qui y passa, en reve-
nant de Rome, ne put les décider à retourner à Trente.
Il informa bientôt Catherine de Médicis de la prochaine
clôture du concile, lui remontrant, mais en vain, que
ce serait un *merveilleux scandale* si ses ambassadeurs
ne venaient pas apposer leur signature aux décrets du
concile. Ces derniers s'abstinrent néanmoins de le faire,
et la conduite du cardinal, peu à peu revenu à la con-
descendance envers le pape, fut vivement blâmée à son
retour en France, ce qui laissa craindre que le fils aîné
de l'Eglise (2) se montrât moins désireux que le roi
catholique d'accueillir les décrets du concile.

Que vinrent faire les ambassadeurs ? La plupart du
temps, contrecarrer le parti pontifical et adresser au
concile des mercuriales ou des injonctions plus ou moins
polies. Les Pères tinrent à l'écart le plus qu'ils purent
ces négociateurs, toujours prêts à vanter le zèle de leurs
maîtres pour la réforme des abus dont ceux-ci souffraient eux-mêmes, mais qui n'eussent point consenti

(1) Baguenault de Puchesse, p. 172-174.
(2) Son ambassadeur prétendait cependant à la préséance sur celui
d'Espagne (29 juin 1563). Baguenault de Puchesse. p. 169, note 2.

à voir contester l'autorité que les princes s'attribuaient sur l'Eglise et sur ses biens.

A Innsbruck, l'empereur d'Allemagne était assez voisin de Trente pour exercer son influence. Par contre, il était assez mal venu à se prétendre le protecteur du Concile, alors qu'en 1552, loin de pouvoir exercer son rôle, c'est à peine s'il put se sauver lui-même (1). Ferdinand suivit les traditions de son frère. Après la visite que lui rendit le cardinal de Lorraine, le premier légat Morone alla à son tour voir l'empereur et l'assurer que les ambassadeurs auraient le droit de faire directement leurs propositions et de présenter leur avis dans les les congrégations. Quelle était donc la cause de tant de tumulte ? Le projet de décret sur la réforme des princes.

Dans nos idées actuelles, le Concile ne paraît guère avoir été dans son rôle en prétendant dicter aux princes la conduite qu'ils doivent tenir vis-à-vis de l'Eglise. Les princes d'ailleurs ne nous semblent pas moins blâmables lorsqu'ils excitaient le Concile contre la prérogative pontificale et défendaient les abus dont ils profitaient. A ce point de vue, on pouvait dire que les ambassadeurs, s'ils ne firent guère de mal, purent empêcher beaucoup de bien, qui se serait fait sûrement sans eux. Philippe II, qui, en vertu de la bulle de la « Croisade », pouvait dispenser ses sujets, moyennant finances, des pénitences imposées aux autres catholiques, se fit maintenir ce privilège exorbitant (2) de les en dispenser malgré eux.

Malgré toutes les plaintes des ambassadeurs, les laïques ne furent pas oubliés dans les décrets du Concile. L'Eglise revendiqua tous ses droits, notamment pour la visite des hôpitaux, quand bien même elle en était à peu près dépouillée alors, notamment en France, mais ainsi elle en empêchait la prescription.

(1) BAGUENAULT DE PUCHESSE, p. 169-170.
(2) MAYNIER, p. 303, note.

Les deux ordres de questions dans lesquels l'Eglise maintint le plus fermement son autorité à l'égard des laïques furent le mariage et le patronage. Le fameux décret sur le mariage, si connu qu'il est inutile de le résumer ici (1), n'est, en ce qui concerne les trois bans, qu'un renouvellement de prescriptions du Concile de Latran de 1215 ; elles étaient tellement tombées en désuétude que c'est de Trente que le décret du mariage paraît dater véritablement. Le Concile prononça aussi l'anathème contre ceux qui disent que les causes matrimoniales n'appartiennent pas à l'Eglise. Si l'Eglise revendique bien des droits sur les mariages, elle déclare aussi que les laïques ne peuvent empêcher arbitrairement les mariages (2), ni ordonner des mariages scandaleux. Cela touchait directement les rois qui mariaient ou démariaient de leur seule autorité des personnes qu'ils voulaient voir figurer à la Cour.

Sans doute les maux dont souffraient des abbayes provenaient souvent du cumul des bénéfices par des cardinaux, mais les commendataires étaient parfois de simples laïques qu'atteignaient aussi les décrets du concile. Pour les grands personnages, les Pères étaient désarmés ; toutefois, même sans formuler de sanction, ils pouvaient légiférer. Aussi prescrivirent-ils la revision sérieuse des droits de patronage, l'obligation pour le patron de contribuer aux réparations de l'église lorsqu'il retirait un bénéfice des fruits de celle-ci. Ils décidèrent que l'évêque ne serait pas désarmé devant le candidat du patron et qu'il ne serait pas obligé de l'accepter s'il était reconnu insuffisant (3) par les examinateurs. Le concile statua également que dans les cérémonies solennelles, les ambassadeurs royaux ne pourraient

---

(1) L'évêque de Metz fut le promoteur de ce décret renouvelé.
(2) Décret du mariage, ch. ix, p. 316-317. Le Concile porta les mêmes décrets au sujet de la liberté des vocations religieuses. Sess. XXV, ch. xviii, p. 383.
(3) Sess. XXIV, ch. xviii, p. 352.

prétendre à la préséance sur les évêques, auxquels il est interdit de s'*humilier* devant les laïques (1).

Le concile était parfaitement dans son rôle d'assemblée chrétienne en stigmatisant l'abus des duels (2), bien qu'il ne fût pas en son pouvoir de les faire cesser. Au point de vue pénal, le duel tombait sous les édits des princes, parfois décidés à les faire respecter, comme on le verra en France au temps de Richelieu. Il est utile de rappeler aux chrétiens que l'excommunication contre les duellistes et leurs *parrains* (témoins) est formelle, et que Pie IX, par une bulle du 12 octobre 1869, a confirmé cette pénalité (3).

Le Concile invita aussi les princes à respecter les immunités de l'Eglise (4) et renouvela les peines contre ceux qui en usurpent les biens (5) ou les afferment.

Il convient de noter que les observations présentées par les ambassadeurs pendant l'élaboration des décrets ne dispensèrent pas ceux dits de réformation de la nécessité du visa royal, tandis qu'en ce qui concerne les décrets dogmatiques, le concile fut entièrement libre de répondre aux légitimes exigences, non pas seulement du Pape, mais encore de toutes les consciences vraiment catholiques.

Il serait facile d'extraire des décisions du concile toute une règle de vie pour les fidèles en général. Un avis spécial concerne les jeûnes (6) ; à cette époque, où les fidèles obéissaient avec ponctualité à tous les commandements de l'Eglise, les dispenses n'étaient octroyées

(1) Sess. XXV, 2ᵉ décret, ch. ix et xvii, p. 419.
(2) Sess. XXV, 2ᵉ décret, chap xix. p. 421, 422.
(3) V. DE MAROLLES. *La ligue contre le Duel*, 1902, p. 15. Les duellistes encourent, aux termes du Décret du Concile, l'excommunication, la proscription de leurs biens, ils seront punis comme des homicides ; s'ils meurent dans le combat, ils seront pour toujours privés de la sépulture ecclésiastique. Des châtiments sont aussi portés contre les princes et seigneurs qui auraient autorisé le duel.
(4) Sess. XXV, 2ᵉ décret, ch. xx, p. 422-24.
(5) Sess. XXII, ch, xi, p. 263.
(6) CHANUT, p. 427.

qu'en faveur des malades (1). L'assistance recueillie à
la messe, aux offices, au besoin la rétribution des
curés trop pauvres (2), la contribution à l'entretien
des paroisses (3) sont recommandées aux fidèles. Il leur
est rappelé qu'ils sont les vrais ministres du sacrement
de mariage et que le prêtre n'en est que le témoin. Ils
doivent s'adresser à un confesseur approuvé par l'évêque quand il s'agit de gagner des indulgences. En résumé le concile s'attache autant que possible à maintenir
l'harmonie entre les pasteurs et le troupeau qui leur
était confié.

CHAPITRE IV

La définition des dogmes.

Les principaux dogmes de l'Eglise catholique ayant
été contestés par les hérétiques, la venue de ceux-ci au
concile de Trente, comme dans tous les grands conciles
où avaient été discutées les hérésies, était assez natu-
relle. Néanmoins, les temps héroïques étaient passés
pour les réformateurs. Une assemblée hors de leur pays
ne leur inspirait pas grande confiance et le souvenir de
Jean Huss n'était pas encore oublié. Le sauf-conduit du
concile de Trente serait-il respecté ?

Charles-Quint, qui était empereur à la fois des
catholiques et des protestants, et voulait concilier ses
deux groupes de sujets, au besoin en faisant combler
le fossé entre les deux croyances, insistait vivement

(1) F. AUBERT, Le Parlement de Paris et la ville de Paris au
xvi⁴ siècle (*Revue des Etudes Historiques*, sept. oct. 1905 p. 437).
(2) Sess XXV, 2⁴ décret, ch. xii, p. 412
(3) Sess. XXIV, ch. xiii, p. 341. Les fidèles peuvent même être
contraints, en cas d'érection d'une nouvelle paroisse, à fournir au
curé ce qui lui est nécessaire. Sess.XXI, ch. iv, p. 230.

pour ne pas voir condamner les protestants sans qu'ils eussent été entendus ou mieux encore, avant de les avoir écrasés.

La translation du concile à Bologne vint d'ailleurs le priver de tout le fruit qu'il eût pu espérer de sa victoire de Muhlberg.

Luther était mort au début de la réunion du Concile, et en 1552 il ne vint guère à Trente que des protestants peu connus. La cour de Rome ne souhaitait nullement leur venue et le légat Crescenzio, n'ayant pas reçu la visite d'usage, prétendait d'abord les empêcher de censurer les abus de la cour de Rome. Enfin, il n'insista pas, et les protestants furent reçus dans une séance privée. Ils s'exprimèrent avec convenance, au sujet de leurs intentions, mais ils n'apportaient pas l'assurance de leurs commettants de se soumettre aux décisions promulguées à Trente (1). Ils maintenaient leur appel à un concile libre et déclaraient que celui de Trente ne le serait véritablement que si le pape déliait les Pères du serment de fidélité envers lui. Ils prétendaient aussi obtenir le droit de vote pour leurs Docteurs, alors que les théologiens catholiques ne l'avaient même pas. Dès lors, le concile leur promit simplement de leur répondre en temps et lieu. Les articles relatifs à la communion sous les deux espèces et à la communion des petits enfants ne furent promulgués que dix ans plus tard, à cause de la suspension du concile. Dans l'intervalle d'ailleurs, la paix d'Augsbourg avait reconnu la tolérance aux luthériens et le droit pour les princes allemands de disposer de la religion de leurs sujets (1555).

Néanmoins, dans la congrégation du 4 mars 1562, le concile délivra un nouveau sauf-conduit, cette fois pour les protestants de toutes les nations. Ils ne se présentèrent pas, et dans sa XXIe session, le 16 juillet 1562, le concile n'étant plus tenu par aucune considération d'opportunité, repoussa, pour les fidèles, la communion

(1) MAYNIER, p. 727.

sous les deux espèces. Il reconnut que « c'était là une coutume assez ordinaire aux premiers siècles de la religion ; néanmoins elle s'est trouvée changée en plusieurs endroits, et pour des causes justes et considérables, l'Eglise a approuvé l'usage que les laïques ne communient que sous l'une des espèces (1), » en vertu de son droit souverain sur les dogmes et les pratiques religieuses dont parle saint Paul dans ses Epîtres.

L'Eglise n'introduit pas de dogmes nouveaux. A vrai dire, elle se borne à définir mieux les anciens dogmes ou à constater les changements qui s'introduisent dans les rites. Voici un exemple de sa grande prudence. Depuis plusieurs siècles était agitée la question de l'Immaculée Conception de la Sainte Vierge, à laquelle les Franciscains étaient favorables, et les Dominicains contraires. Le concile de Trente, au sein duquel les controverses se reproduisirent entre représentants des deux ordres, refusa de se prononcer, laissant au temps le soin d'apaiser ces discordes.

Ce qui devrait inspirer confiance même aux adversaires de l'Eglise, c'est l'intelligente franchise avec laquelle le concile a reconnu les abus qui s'étaient glissés dans certaines pratiques. Un décret de la dernière session abolit toutes les superstitions relatives au culte des Saints (2) ; il rappelle la doctrine, que tant de gens de mauvaise foi prétendent encore ignorer, que le culte ne s'adresse pas au Saint (3), encore moins à l'image imparfaite qui le représente, mais à Dieu qui lui a conféré la sainteté.

De grandes précautions devront être prises pour l'approbation des reliques (4), afin de ne pas faire tourner l'Eglise en ridicule par les hérétiques. L'évêque devra

(1) Sess. XXI, p. 220 à 222.
(2) Chanut, p. 360-365. C'est une « injonction » du concile.
(3) Voir *Du protestantisme au catholicisme*, publié par A. de Maricourt (coll. *Science et Religion*, n° 280), p. 11 et suiv.
(4) Voir à ce sujet le curieux traité de Guibert de Nogent, moine du XII° siècle, intitulé : *De pignoribus Sanctorum*.

faire appel au concours d'un médecin pour certifier une relique, en cas de donation de celle-ci.

Les usages nouveaux, les miracles mêmes ne seront reconnus qu'après l'approbation de l'évêque, qui devra également surveiller la prédication des indulgences et présenter au synode provincial un rapport sur les abus qu'il aura pu remarquer dans leur distribution (1).

L'évêque devra aussi veiller à ce que, dans la peinture ou la sculpture des images des Saints, on suive les traditions reçues, afin de ne point scandaliser les fidèles par la nouveauté du costume. C'était un blâme évident au prosélytisme indiscret de certains religieux s'annexant arbitrairement quelques saints personnages, qui avaient manifestement vécu dans une tout autre famille religieuse.

Un décret spécial eut pour but d'expliquer aux fidèles ce qu'ils devaient savoir à propos du Purgatoire (2).

Le Concile s'efforça de rendre aux Sacrements et aux cérémonies du culte l'honneur et la dignité qui leur étaient dus. Dans le décret relatif à la Messe, les Pères ont pensé autant à celui qui la dit qu'à ceux qui y assistent. S'ils s'appuient sur les anciens Pères pour interdire que la Messe soit célébrée en langue vulgaire, cependant ils autorisent chaque église à retenir l'ancien usage, par exemple les Grecs-unis. Mais pour que l'emploi de la langue latine n'empêchât pas le peuple de comprendre les mystères dont il était témoin, des explications en langue vulgaire devaient lui être données pendant la messe (3). Le peuple était invité à se tenir dans l'église avec recueillement, et à éviter les entretiens « vains et d'affaires du siècle ».

Pour ne plus renouveler le scandale de prêtres vagabonds ou de religieux hors de leur couvent disant la messe sans permission, il fut décidé que tout prêtre hors

(1) CHANUT, p. 426.
(2) IBID., p. 360.
(3) Sess. XXII, ch. III, p. 245-251.

de son diocèse devrait avoir un *celebret* de l'évêque diocésain pour pouvoir dire la messe.

On sait d'ailleurs que le Concile ne fait pas au prêtre une obligation stricte de dire la Messe tous les jours (1) ; il lui est ordonné seulement de la dire les dimanches et fêtes, et plus souvent s'il a des charges à acquitter ou si les besoins des fidèles le requièrent.

La dignité des cérémonies elles-mêmes n'importe pas moins que l'attention soutenue des fidèles. La musique qui accompagne les offices doit être décente (2) ; il est interdit de chanter à l'église des paroles profanes et même les paroles sacrées sur des airs profanes. Par suite, les fêtes des Fous et autres divertissements qui se célébraient autrefois dans les églises furent sévèrement prohibés (3). Le concile interdit aussi les nudités inutiles et les grâces provocantes dans les tableaux et sculptures qui ornaient les églises (4).

En ce qui concerne la musique, le vœu du concile était pour ainsi dire exaucé d'avance, grâce aux compositions musicales du célèbre Palestrina et notamment la *Messe* du pape Marcel II. Il ne devait rien y avoir désormais que d'auguste dans le temple de Dieu.

Le concile se préoccupa aussi du sacrement de Pénitence. Il ne se contenta pas des chapitres et des canons de la XIVe session (5) (25 novembre 1551) déjà assez explicites, mais il y revint encore dans la XXIIIe, à propos de l'Ordre. Tout confesseur dut être approuvé par l'ordinaire, si déjà il n'était pas curé (6). Ainsi, un

---

(1) Sess. XXIII, ch. xiv, p. 288, à propos des qualités de ceux qui doivent être admis à la prêtrise.

(2) Sess. XXII, p. 251 (décret spécial).

(3) Au même moment, on prohibait en France la représentation des Mystères, pourtant célébrés hors des églises.

(4) Sixte-Quint fit procéder à une « expurgation » des tableaux trop audacieux. Daniel de Volterre fut le « culottier » (braghettone) du *Jugement dernier* de Michel-Ange.

(5) Il y est dit qu'à l'article de la mort, il n'y a pas de *cas réservés* (chap. vii, p. 148).

(6) Chap. xv, p. 288.

régulier en tournée de prédication ne pouvait plus, pour faire gagner une indulgence à un pénitent d'occasion, se contenter d'une confession extraordinaire et peut-être superficielle. Pour avoir toute son efficacité, le Sacrement devait conserver toute sa dignité.

Contrairement aux innovations des Réformés, il fut décidé que la communion sous les deux espèces était réservée au prêtre et que le fidèle, communiant sous une seule espèce, ne recevait pas moins que le prêtre communiant sous les deux. Le concile s'en remit au Pape pour accorder la concession du calice dans certaines conditions déterminées.

C'est ainsi que le concile répandit de l'ordre et de la clarté dans la définition des dogmes et des rites. Son œuvre à cet égard est d'une solidité indiscutable et elle s'imposa immédiatement à toute l'Europe catholique.

CHAPITRE V

Restauration du pouvoir épiscopal.

Le concile de Trente, étant une assemblée d'évêques, devait surtout songer à restaurer le pouvoir des évêques. Leurs plaintes se firent entendre dès le début, selon la lettre des légats à Paul III, qu'il est important de reprendre (1). Les évêques déclaraient que la résidence dans leurs diocèses était impossible, tant que la juridiction serait paralysée par les usurpations des Ordres religieux (rattachés au Pape par l'exemption), des seigneurs temporels et du Saint-Siège. Ils se plaignaient des impositions de décimes, de la facilité avec laquelle

(1) MAYNIER, p. 287 à 289. Il est douteux d'ailleurs que la suppression de tous ces abus eût suffi à contraindre les évêques à la résidence.

étaient ordonnés à Rome les sujets indignes que leurs
ordinaires avaient refusé d'admettre à la prêtrise ; ils
protestaient contre les exemptions des protonotaires
apostoliques, les absolutions à prix d'argent de la péni-
tencerie romaine, les bénéfices à charge d'âme donnés
à des officiers de la cour de Rome qui n'y résidaient
jamais, les *expectatives,* c'est-à-dire le droit pour un
individu quelconque d'entrer sans formalités dans un
bénéfice au décès de son possesseur.

Le concile put légiférer utilement et en connaissance
de cause. S'il renouvela les peines contre les non-résidents, et s'il accorda des privilèges de juridiction aux
prélats résidents, il rendit encore la résidence plus
facile en supprimant un grand nombre des abus dont
les prélats s'étaient plaints.

Il ne trancha pas la grande controverse théorique sur
l'institution des évêques (1), mais il fit mieux : il res-
taura leur pouvoir à l'intérieur de leurs diocèses et for-
tifia les rouages dont ils devaient se servir.

Le concile prescrivit une nouvelle forme d'élection
des prélats. Le synode provincial (dont nous verrons
plus loin les attributions), lors de la vacance d'un siège,
devrait dresser une liste de trois candidats d'une foi
éprouvée, la transmettre au pape qui choisirait et ins-
tituerait le nouvel élu (2). Le choix des évêques, d'abord
remis par Pie IV à une congrégation de trois généraux
d'ordres, fut ensuite confié à une congrégation de cardinaux (3). Le nouveau promu devait jurer d'observer
les Décrets du concile (4). Dorénavant, aucun coadju-
teur avec succession ne serait donné à un évêque sans

(1) « La considération des exemptions et des dispenses retint les
prélats du concile de déclarer que la juridiction des évêques était
d'institution divine pour ne pas blesser l'autorité du pape. » *Notes
sur le concile,* p. 81.

(2) Session XXIV, 2ᵉ décret, ch. I, p. 318-320.

(3) Cette forme d'élection ne fut pas appliquée à la France, où le
Concordat de Bologne était suivi en cette matière.

(4) Sess. XXV, 2ᵉ décret, chap. I, p. 392.

que la raison n'en fût auparavant bien connue du Saint-Père (1).

Plus de pouvoir, mais aussi plus de responsabilité, tel pourrait être le résumé des innombrables décisions du concile de Trente relativement aux évêques. Dès la VIIe session, le concile leur défendit d'administrer plus d'une église cathédrale (2). Madrucci, qui cumulait deux sièges, avait en vain déclaré que certains prélats étaient bien capables d'administrer deux évêchés, tandis que d'autres ne pouvaient même pas en diriger un seul.

Très sagement, le concile se préoccupa des excès de zèle et limita l'usage des excommunications, « plus méprisées qu'elles ne sont redoutées et causant plus de mal que de bien, si l'on s'en sert témérairement et pour les sujets légers (3) », aux affaires spirituelles. Les monitoires devraient être réservés pour les occasions extraordinaires et les censures ne pourraient être employées dans les causes judiciaires et criminelles.

Les pouvoirs financiers des évêques furent également limités par eux-mêmes, comme il est juste de le remarquer. Obligation leur fut faite d'abolir les droits d'entrée imposés aux nouveaux bénéficiaires et non convertis en pieux usages (4), et de conférer les ordres (5) gratuitement ; ils devront se faire sacrer dans les six mois s'ils n'ont point encore accompli cette formalité (6) et observer la frugalité et les bonnes mœurs autant et plus que les membres du clergé ordinaire. Ils furent autorisés à aider leurs proches dans le besoin, mais sans dissiper les biens de l'Eglise à leur profit (7).

Si la résidence leur est prescrite surtout par leur

(1) Sess. XXV, 2ᵉ décret, chap. vii, p. 402.
(2) Sess. VII, ch. ii, p. 77.
(3) Sess. XXV, 2ᵉ décret, ch. iii, p. 394.
(4) Sess. XXIV, ch. xiv, p. 313.
(5) Sess. XXI, ch. i, p. 226.
(6) Sess. VII, ch. ix, p. 82. Ce délai fut même ramené à *trois* mois. Sess. XXIII, ch. ii, p. 278.
(7) Sess. XXV, 2ᵉ décret, ch. i, p. 391.

conscience, car le concile ne pouvait guère penser que les peines contre les non-résidents seraient rigoureusement appliquées, au moins leur est-il recommandé de ne s'absenter que deux ou trois mois par an et surtout pas pendant l'Avent ni le Carême (1). Plus ils résideront, plus ils auront de droits.

Les évêques doivent annoncer eux-mêmes la parole de Dieu et faire traduire en langue vulgaire le catéchisme que le concile aura fait composer (2).

Leur devoir est de veiller à ce qu'il y ait un nombre suffisant de prêtres capables pour desservir les paroisses. Ils devront nommer des examinateurs pour interroger les candidats aux cures vacantes (3). Ils s'assureront également de la suffisance des notaires ecclésiastiques, même royaux ou impériaux (4).

Les dispenses qui ne sont pas du ressort de la cour de Rome seront remises à eux seuls (5). Leurs ordonnances en matière de correction de mœurs ne seront suspendues par aucune appellation (6), de même que leurs règlements sur les différends de préséance entre religieux (7).

Écoutant une plainte portée dès le début, le concile défendit d'ordonner un sujet contre la volonté de l'ordinaire (8). L'évêque aura le droit même de suspendre l'ecclésiastique promu par un autre (9), ainsi que le bénéficiaire même pourvu par lettres apostoliques, s'il le trouvait incapable après examen. Cependant les bénéficiaires nommés par les Universités et Collèges généraux ne devront pas être examinés par l'évêque (10).

(1) Sess. XXIII, ch. i, p. 273.
(2) Sess. XXIV, ch. iv et vii, p. 328, 331.
(3) Sess. XXIV, ch. xviii, p. 350.
(4) Sess. XXII, ch. x, p. 262.
(5) Sess. XXII, ch. v, p. 258.
(6) Sess. XIII, ch. i, p. 121; sess. XXIV, 2ᵉ décret, ch. x, p. 331.
(7) Sess. XXV, ch. xiii, p. 379.
(8) Sess. XIV, ch. i, p. 167.
(9) Ibid., ch. iii, p. 169.
(10) Sess. VII, ch. xiii, p. 85.

Vis-à-vis du pape, il n'a pas moins de privilèges personnels : ses causes graves ont pour juge le souverain pontife (1) seul et il ne peut être cité personnellement que dans le cas où il est passible de la déposition (2).

Il doit être maître dans son diocèse : lui seul peut connaître de ses diocésains ; pour faciliter cette règle, le concile prescrit de ne pas faire d'union de bénéfices de différents diocèses, ce qui devait être délicat dans l'application (3).

Les évêques *in partibus*, les protonotaires apostoliques, revêtus de titres honorifiques de la cour de Rome, ne pourront préjudicier aux droits de l'ordinaire ni donner les ordres sans son autorisation (4). Même les légats *a latere* et les nonces ne procéderont contre les clercs coupables que lorsque l'évêque en aura été requis et aura négligé de déférer à cette réquisition (5).

Il y avait dans beaucoup de diocèses des chapitres exempts, sur lesquels l'évêque n'avait aucune autorité et que le concile prétendit lui soumettre. Il lui confia le droit d'en surveiller du moins le recrutement. A plusieurs reprises, les Pères insistèrent sur les conditions de science requises des chanoines : être maître, licencié, docteur en droit ou en théologie (6), ainsi que sur la nécessité d'être sous-diacre pour avoir voix au chapitre (7). Par une restriction aux privilèges des lettres de conservation, l'exemption du chapitre ne s'étendit plus aux causes criminelles (8). L'évêque put désormais disposer d'un tiers du revenu des chapitres, notamment pour la fabrique de l'église et pour l'entretien des séminaires (9).

(1) Sess. XXIV, ch. v, p. 320.
(2) Sess. XIII, ch. vi, p. 129.
(3) Sess. XIV, ch. viii et ix, p. 175, 176.
(4) Sess. XIV, ch. ii, p. 168.
(5) Sess. XXIV, 2ᵉ décret, ch. xx, p. 356.
(6) Sess. XXII, ch. i-ii, p. 253-254. A la sess. XXIV, chap. xii, p. 336, il est dit : La moitié seulement des chanoines doivent avoir un de ces grades.
(7) Ibid., chap. iv, p. 257.
(8) Sess. XIV, ch. v, p. 171.
(9) Sess. XXII, ch. iii, p. 256 Sess. XXIII, ch. xviii, p. 291.

Au commencement de chaque année, le chapitre élira deux de ses membres, et dans tout procès l'évêque procédera de leur avis et jugera la cause du chapitre dans son hôtel ; les deux députés n'auront ensemble qu'une voix, mais l'un d'eux pourra séparément se joindre à l'avis de l'évêque (1). En cas de désaccord entre les deux députés et l'évêque, ils s'adjoindront un arbitre pour les départager. D'autre part, ce sont désormais les chanoines, et non plus les réguliers, qui seront chargés de prêcher sur les bulles d'indulgence et de recueillir les offrandes.

En l'absence de l'évêque, la juridiction du chapitre sera maintenue, et le vicaire général de l'évêque ne pourra s'y ingérer (2).

Au contraire, dans le cas de vacance du siège, les pouvoirs du chapitre seront limités pendant la première année, notamment pour donner les ordres, « si ce n'est en faveur de quelqu'un qui se trouverait près d'obtenir un bénéfice (3) ».

En dépit de ces précautions, le chapitre restera le conseil ordinaire de l'évêque.

Il y avait aussi des conseils périodiques, dont la tenue était parfois tombée en désuétude, et que le concile tenta de remettre en vigueur, autant qu'il dépendait de lui : le synode provincial et le synode diocésain.

Le concile n'eut pas à décider de quels personnages le synode provincial devait être composé, il fit simplement mention de tous les évêques et de tous ceux qui, de droit ou par coutume, y assistaient. En dehors de cette occasion, les évêques comprovinciaux ne pourront être forcés d'aller contre leur gré à l'église métropolitaine (4). Le synode devra se réunir dans l'année qui suivra la

(1) Sess. XXI, ch. x, p. 237.
(2) Sess. XXV, 2ᵉ décret, ch. vi, p. 399-401.
(3) Sess. VII, ch. x, p. 83.
(4) Les exempts ne seront appelés aux synodes diocésains qu'à raison des églises paroissiales ou annexées qu'ils desservent, s'ils ne sont pas soumis à des chapitres généraux. Sess. XXIV, ch. ii, p. 323.

clôture du concile et ensuite tous les trois ans, au dimanche de Quasimodo. L'évêque y réglera les mœurs, corrigera les abus, accommodera les différends. Le synode nommera quatre juges devant lesquels les causes de renvoi puissent être remises par le Saint-Siège (1). En cas de vacance du siège, il remplira la formule d'enquête qui sera envoyée au pape en vue de la promotion d'un évêque ; il jugera les causes criminelles peu importantes contre le prélat, le crime d'hérésie restant réservé au pape seul (2).

Le concile fit donc tout ce qui était humainement possible pour atténuer les abus qu'il ne pouvait supprimer entièrement, et dont les princes étaient souvent plus responsables que les prélats eux-mêmes.

CHAPITRE VI

Réforme du clergé.

Le concile, plus à l'aise vis-à-vis du clergé que des cardinaux, put accomplir à son égard tout son devoir et sut parfaitement lui prescrire tout ce qui convenait pour répondre aux nouveaux besoins de l'Eglise.

Le concile ne crut pas devoir céder à l'exemple donné par les protestants et aux demandes des princes, en reconnaissant la validité du mariage des prêtres. Il maintint expressément la supériorité du célibat sur le mariage. Rome ne fit aucune exception à cette règle du célibat ecclésiastique, même pour les plus illustres cardinaux (3), et refusa toute tolérance en ce sens, ne voulant pas, à ce prix, ramener les protestants à l'unité. Les hérétiques pourront toujours s'entendre

(1) Sess. XXV, 2ᵉ décret, ch. x, p. 410.
(2) Sess. XXIV, ch. v, p. 329.
(3) BAGUENAULT DE PUCHESSE, p. 186, 271.

reprocher de n'avoir quitté l'Eglise que pour complaire aux exigences de leurs sens.

Le concile formula solennellement à nouveau l'obligation pour le clergé de porter un costume spécial « pour ne pas avoir un pied dans les choses divines et un pied dans les choses de la chair (1) ». Le port obligatoire de l'habit devait être pour les clercs, non une formalité, mais un engagement à mener une vie parfaitement morale qui leur donnât de l'autorité sur les laïques. Traitons d'abord les points qui concernent spécialement le clergé séculier.

I. — *Les séculiers.*

L'âge requis pour les ordres majeurs fut fixé à 22 ans pour le sous-diaconat, à 23 pour le diaconat et 25 pour la prêtrise ; les candidats qui avaient dépassé cet âge ne devaient pas être admis plus facilement pour ce seul motif (2). Ces diverses mesures furent adoptées dans la XXIIIe session, consacrée au sacrement de l'Ordre.

C'est également dans cette session que fut promulgué le célèbre décret sur les séminaires (3), dont les protestants eux-mêmes reconnaissent l'utilité et l'heureuse influence. C'était une renaissance des écoles épiscopales du moyen âge plutôt qu'une création nouvelle proprement dite. D'après ce décret, à partir de l'âge de douze ans, les enfants destinés à la prêtrise étaient admis au séminaire, surtout ceux appartenant aux familles pauvres (4) (les riches ne devaient être reçus qu'à leurs dépens). Ces enfants étaient obligés de porter

(1) Sess. XIV, ch. VI, p. 173.

(2) Sess. XXIII, ch. XII, p. 286. La fixation de cet âge minimum ne s'appliquait pas au clergé régulier, régi par des constitutions spéciales.

(3) Ibid., ch. XVIII, p. 291-299.

(4) Les exemples d'Amyot, des papes Adrien V, Urbain IV et Sixte-Quint prouvent combien les pauvres fournissent à l'Eglise de sujets illustres.

toujours l'habit ecclésiastique et d'être tonsurés.

La disposition destinant les séminaires aux enfants pauvres ne contredit pas le chapitre II de la XXIe session : Nul ne peut être admis aux ordres sans un bénéfice capable de le faire vivre. Il s'agit de deux moments bien différents dans la vie du jeune clerc. Quand l'adulte est élevé, quand il doit recevoir les ordres, il faut assurer sa vie indépendante. L'Eglise ne peut être le refuge des cadets sans fortune et souvent sans piété. L'obligation soit du bénéfice, soit de la pension fournie par la famille pour faire vivre le jeune prêtre, s'applique aussi bien au clergé séculier qu'au clergé régulier.

Le séminaire était sous la haute direction de l'évêque et entretenu avec une partie du revenu des chapitres, des abbayes et des hôpitaux. Les ordres religieux devaient avoir recours à ces établissements, lorsque dans leurs couvents l'instruction n'était pas suffisamment organisée.

Cette institution était éminemment utile, et elle devait être « une pépinière de lévites éternellement voués au service de Dieu ».

Aussitôt sorti du séminaire, le jeune prêtre devait voir récompenser son ardeur à apprendre. Il pouvait obtenir au concours les meilleures cures de son diocèse. Lorsqu'une cure devenait vacante, le candidat était examiné par trois ecclésiastiques choisis par l'évêque parmi les six dont il a proposé la nomination dans le synode provincial ; ces examinateurs devaient être maîtres, docteurs ou licenciés et pouvaient appartenir aux ordres mendiants (1).

En cas de vacance d'une deuxième cure, l'évêque pouvait prendre les trois mêmes examinateurs ou les trois autres de la liste.

S'il y avait un patron, celui-ci devait nommer un

____

(1) Sess. XXIV. ch. XVIII, p. 349 à 353. Ces examens avaient déjà préoccupé le Concile dans la VIIe session (ch. XIII).

candidat dans les dix jours (1). Si après examen ce candidat était reconnu insuffisant, l'évêque pouvait en choisir un autre. Si un curé en exercice était incapable ou scandaleux, l'évêque devait lui donner un vicaire (2).

Le Concile a statué encore que la vie matérielle des curés sera convenablement assurée par un bénéfice qui puisse les faire vivre (3). Il leur est seulement défendu, aussi bien qu'aux cardinaux et aux évêques, d'en posséder un second dès que le premier suffit à les faire vivre. L'évêque pouvait annuler les réunions de bénéfices incompatibles (4), mais la dispense de la règle du cumul ne pouvait émaner que de la cour de Rome (5).

Les paroisses trop pauvres pourront être réunies (6) à d'autres, mais non pas à un monastère ; les cures ne pourront être changées en bénéfices simples (7). Les paroissiens sont invités à payer les dîmes (8), à rétribuer le clergé (9) et, en cas de besoin, à contribuer aux réparations des églises par une cotisation raisonnable (10).

Les curés, tous les dimanches, exposeront au public, à la grand'messe, le catéchisme composé en exécution des décrets du Concile (11). Ils doivent veiller à l'acquittement des fondations pour les morts, ainsi que publier, pendant trois dimanches consécutifs, les noms de ceux qui désirent se marier (sauf à dispenser de deux bans si le mariage pouvait être malicieusement empêché) et tenir note des mariages célébrés en leur présence obligatoire à l'aide d'un registre approprié (12).

(1) Ibid., p. 353.
(2) Sess. XXI, ch. VI, p. 232.
(3) Sess. XXI, ch. II, p. 227.
(4) Sess. VII, ch. V, p. 79.
(5) Sess. XXIV, ch. XVII, p. 347.
(6) Sess. XXIV, ch. XIII, p. 341. Ce décret pouvait même s'appliquer aux cathédrales, de l'avis du synode provincial.
(7) Sess. XXV, 2ᵉ décret, ch. XVI, p. 418,
(8) Ibid., ch. XII, p. 413.
(9) Sess. XXIV, ch. XIII, p. 341.
(10) Sess. XXI, ch. VII, p. 234.
(11) Sess. XXIV, ch. VII, p. 331.
(12) Ibid., décret spécial, ch. I, p. 307.

II. — *Les réguliers.*

Si les bénéficiers et les curés devaient être compris dans les visites annuelles de l'évêque, combien plus en avaient besoin les monastères en commende, surtout les réguliers, à qui l'exemption permettait souvent de braver la juridiction épiscopale. Le concile ne manqua pas sur ce point de restaurer la juridiction des prélats, en leur donnant le titre de délégué du Saint-Siège apostolique pour corriger les exempts (1). Ce titre apparaît dès la VIIe session (ch. viii). Mais les supérieurs d'ordres se firent donner ce titre au xviie siècle afin d'annihiler ce nouveau pouvoir des évêques.

Les ordres religieux étant répandus dans bien des pays, il pouvait se former dans chaque nation des congrégations autonomes n'obéissant à personne. Pour parer à ce danger, le premier décret de la session XXV, en son chap. viii, porta que les monastères sans visiteurs réguliers ordinaires devront se constituer en congrégation dans les six mois, faute de quoi l'évêque y pourvoira (2).

En approchant de son terme, le concile ne se contenta plus, comme lors de ses timides débuts, de conférer à l'évêque la connaissance des causes civiles (3) des exempts hors de leur monastère ou en dehors de la visite (4). Il édicta qu'il ne serait permis de sortir de sa « Religion » que pour en embrasser une plus étroite (5). Il rappela aux supérieurs d'ordre *non soumis aux évêques* de visiter les monastères qui dépendaient d'eux, même ceux en commende (6). Enfin, par le

(1) Sess. XXI, ch. viii, p. 231-235.
(2) Sess. XXV, ch. viii, p. 371. — Ce décret fut admis en France avec empressement et passa dans l'édit de 1571, art. 7. *Notes sur le Concile de Trente*, p. 408.
(3) Sess. VII, ch. xiv, p. 86.
(4) Sess. XIV, ch. iv, p. 370.
(5) Sess. XXV, ch. xix, p. 381. Les Religieux Déchaussés ne purent passer que chez les Chartreux.
(6) Ibid., ch. xx, p. 385.

premier Décret de la XXVe session, consacré tout entier
aux Réguliers, il réforma intimement leur discipline
générale, sans toucher aux constitutions particulières
des divers ordres.

L'évêque devra autoriser à l'avenir toute fondation
de couvent (1) ; de plus, il procédera à l'examen de la
vocation des religieuses avant leur vêture (2).

Le secret du vote fut prescrit pour l'élection des supérieurs, ce qui constitua une nouveauté ; les suffrages
des absents ne seront point comptés ; l'âge de 40 ans
au moins fut requis pour être abbesse. Il ne fut rien
spécifié pour l'âge minimum des abbés et prieurs. L'in-
terdiction du cumul s'appliquera surtout aux abbesses,
en vue du maintien de la clôture (3).

L'âge minimum de la profession fut fixé à seize ans ;
elle dut être précédée d'un an au moins de noviciat (4),
passé lequel les novices doivent être reçus ou « mis
dehors ». Le couvent ne devra rien exiger de ceux-ci
avant la profession.

Les exempts, mêmes réguliers, devront garder les
fêtes prescrites par l'évêque (5) dans son diocèse et se
trouver aux processions publiques (6), à l'exception de
ceux qui passent leur vie dans une clôture étroite.

En matière criminelle, les exempts purent être jugés
par l'évêque, si leurs supérieurs légitimes se montraient

(1) Sess. XXV, ch. III, p. 369.
(2) Ibid., ch. XVII, p. 382.
(3) Ibid., ch. VI et VII, p. 372 et 373.
(4) Les « clercs de la Compagnie de Jésus » (c'est-à-dire les
Jésuites) dont le noviciat était plus prolongé, ne furent pas compris
dans cet article (p. 381).
(5) Il ne faudrait pas croire cependant que le concile se soit borné
à imposer des bornes à l'activité des religieux. Le ch. XVIIIe de la session XXIVe autorise l'évêque, comme il a été dit plus haut, à prendre
avec lui des religieux des ordres mendiants pour examiner les futurs
curés. Le ch. IV du deuxième Décret de la session XXV assimile les
abbés et les généraux d'ordre aux évêques pour régler les réductions
de fondation.
(6) Cette prescription devait être la source d'une foule de conflits
de préséance. Sess. XXV, ch. XII et XIII, p. 378.

négligents à cet égard, et le privilège d'avoir des juges conservateurs ne put désormais s'appliquer qu'en matière civile (1).

Une des plus grandes plaies de l'époque étant les moines quêteurs, le concile ne se contenta plus, comme il l'avait fait dès la Ve session, de leur interdire la prédication, mais il abolit entièrement leur nom et leur fonction, « sans avoir égard à aucune coutume » (2). Quant au religieux errant trouvé sans obédience de son supérieur, il sera puni par l'ordinaire du lieu « comme déserteur de sa règle » (3).

L'évêque reprit enfin pour les églises cathédrales la disposition des quartes funéraires parfois usurpées par les monastères (4). Le concile préludait à la suppression par Pie IV, en 1564, de la bulle dite *Mare magnum* qui concédait aux ordres religieux des privilèges exorbitants, injustifiables et d'excessifs adoucissements à leur règle.

En accordant à l'évêque des pouvoirs sur ceux que les supérieurs légitimes n'eussent pas toujours osé punir, le concile de Trente fit une œuvre très sage. Toutes ces restrictions n'empêchèrent pas les ordres religieux de se multiplier et de prospérer, tout en étant plus soumis aux évêques.

———

CHAPITRE VII

Jugement général sur l'œuvre du concile.

Si l'on pense à tout ce que les contemporains attendaient du concile de Trente, on serait d'abord tenté

---

(1) Sess. XIV, ch. v, p. 171.
(2) Sess. XXI, chap. IX, p. 236. Pour ce motif, les religieux quêteurs dans les ordres rédempteurs furent remplacés par des marguilliers laïques : des chanoines *choisis par les évêques* furent directeurs des Confréries.
(3) Sess. VI, ch. III, p. 65, et sess. XXV, chapitre IV, p. 370.
(4) Sess. XXV, 2e décret, ch. XIII. p. 414.

d'éprouver une désillusion. Mais il faut bien avouer que chacun s'était bercé d'espérances contradictoires. L'Empereur attendait du concile plutôt la réforme des abus de la cour de Rome résumés dans les *Cent griefs* de l'Allemagne que la soumission des protestants ; l'Espagne et la France, en 1545, n'étaient pas encore envahies par l'hérésie nouvelle et ne songeaient guère aussi qu'aux abus de la cour de Rome. Mais le temps avait marché plus vite que le concile et les progrès des protestants avaient été foudroyants, en France notamment, par suite de la mort de Henri II, jusqu'en 1562. L'hérésie étant à forces égales avec la vérité, il devint impossible au concile de donner à ses anathèmes une sanction quelconque. Au reste, on n'était plus à l'époque où les interdits courbaient sous la terreur des royaumes entiers, où un empereur venait se prosterner, les pieds dans la neige, devant un pape impérieux.

Loin d'entamer une conférence contradictoire, où les adversaires se dérobaient, le concile se tint dans la région sereine des définitions dogmatiques et des réformes utiles de la discipline. Les hérésies condamnées par les conciles de Nicée ou de Chalcédoine n'étaient point encore aussi puissantes que l'était le protestantisme dès l'ouverture du concile de Trente ; lorsque le sang avait coulé dans la guerre civile, les vaincus, pouvant espérer la revanche, n'étaient pas disposés à courber la tête sous les injonctions de l'Eglise.

Si le concile ne put amener la réconciliation de tous les chrétiens ni l'indépendance financière du clergé vis-à-vis des rois, tout au moins assura-t-il l'accord entre catholiques pour tout ce qu'ils devaient obligatoirement croire et pratiquer.

Pour qui étudie impartialement les décrets du concile, il est facile de reconnaître dans son œuvre une réelle unité de vues ; elle ne renferme pas la moindre contradiction dans les idées ; elle témoigne seulement à la fin d'un peu plus de hardiesse, mais toujours dans le sens où le concile penchait dès le début. Les décrets des dernières sessions sont plus explicites que ceux des premières, mais le même esprit les anime. Sous Paul III, le concile est préoccupé de la prédication, de l'instruction du clergé, de la résidence des prélats, de la correction des réguliers par l'évêque et du cumul des bénéfices incompatibles. En réalité, le concile nous offre un vrai code de la discipline ecclésiastique et le fait de son élaboration pendant dix-huit ans nous en rend encore la perfection plus étonnante. Cette perfection est si bien constatée que depuis plus de trois siècles il n'a été apporté aux décisions édictées aucune modification de quelque importance. Aussi la nécessité de la réunion d'un nouveau concile n'apparut-elle pas avant 1869, date à laquelle fut convoqué le concile du Vatican, ce qui provoqua les travaux de MM. Baguenault de Puchesse et Baschet sur le concile immédiatement antérieur.

L'œuvre dogmatique achevée à Trente résolvait toutes les questions faisant alors l'objet de controverses aiguës entre les catholiques. Quant à la discipline, elle devait comporter certaines dissemblances selon les pays. Aussi les Pères agirent-ils de la façon la plus raisonnable en laissant aux clergés des différentes nations une certaine latitude pour se réformer eux-mêmes sur les points qui leur paraîtraient le plus avoir besoin de réforme. Pour ne parler que de la France, ses assemblées du clergé n'avaient-elles pas fait beaucoup de bonnes choses dans ce sens, surtout lorsque le pouvoir royal s'en était désintéressé et n'avait pas essayé de les entraîner dans ses conflits particuliers avec le pape.

La papauté enfin trouva un excellent argument à opposer à ses détracteurs dans ce fait d'avoir pu, pendant trois siècles, se dispenser de recourir aux lumières d'un concile. Elle n'en avait donc pas besoin pour parler aux fidèles et dès lors la promulgation de l'infaillibilité pontificale arriva à son heure. Il ne faudrait cependant pas pour cela contester que le concile de Trente ait été un bienfait pour son époque.

Sans doute, il n'est pas à lui seul l'auteur du mouvement des idées religieuses : l'ordre des Jésuites était déjà institué lorsque le concile s'ouvrit. Au contraire les principales réformations d'ordres anciens ne se produisirent qu'après la clôture de l'Assemblée de Trente.

Le concile était instruit par la leçon des événements et avait une claire vision des nécessités de tous les pays. N'est-ce pas en raison des guerres que, dans le décret sur la réformation des religieuses, il prescrit de transporter de préférence à la ville les couvents établis dans la campagne (1) ? Les dévastations commises par les huguenots de France dataient de l'année précédente, et l'on voyait les dangers auxquels étaient exposées des femmes vivant seules, au milieu des incursions des bandits.

Ce n'était pas assez de prévoir la réduction du nombre des paroisses ; il fallait statuer sur ce que deviendraient les églises abandonnées volontairement ou ruinées par la guerre. Le concile donna « la faculté de les convertir à des usages profanes, pourvu qu'ils ne soient pas sordides, et en y laissant une croix dressée, s'il y a impossibilité de rétablir le culte divin (2). »

Dans bien d'autres décisions, le concile a manifesté sa prudence clairvoyante, et on doit lui reconnaître le mérite d'avoir rendu possible le magnifique développement de l'Eglise catholique à la fin du xvie et au début du xviie siècle.

M. Seignobos dit que le concile a accentué la division de l'Europe en deux camps. Assurément il a déterminé les points sur lesquels les catholiques ne peuvent céder en matière de foi. Mais à qui doit donc s'adresser le reproche d'intolérance ? N'est-ce pas plutôt aux protestants ? Un fait curieux peut montrer à quel degré ils écartent tout ce qui vient du catholicisme. Une réforme utile, puisqu'elle rectifiait une erreur d'ordre purement

(1) Sess. XXV, ch. v, p. 371.
(2) Session XXI, ch. vii, p. 231.

scientifique, celle du calendrier, fut repoussée pendant
près de deux siècles par les protestants d'Allemagne et
d'Angleterre, uniquement parce qu'elle avait été opérée
par le pape. Encore aujourd'hui les Grecs dits orthodoxes
ne l'ont pas adoptée.

CHAPITRE VIII

Mesures prises à la suite du concile (1).

Aussitôt le concile terminé et les légats revenus à
Rome, Pie IV, satisfait de n'avoir pas vu porter d'atteinte grave à sa prérogative, imposa silence aux
plaintes de quelques officiers de sa cour, dont les
charges se trouvaient amoindries par suite des décisions
votées à Trente et s'occupa immédiatement de la confirmation, demandée par le concile lui-même, et sans
laquelle ses décrets n'auraient point été valables. La
bulle fut donnée dès le 26 janvier 1564, deux mois à
peine après la fin de l'Assemblée ; l'observation obligatoire des décrets dut commencer le 1er mai 1565, dans
les seuls pays où ils auraient été solennellement promulgués. Pie IV créa une congrégation de huit cardinaux, spécialement chargée de veiller à l'exécution des
décrets du concile. Il chargea une autre commission, de
trois généraux d'ordres, de s'occuper du choix des
évêques. Plus tard elle devait devenir la commission
cardinalice des évêques et des réguliers.

Sur l'avis d'un grand nombre de théologiens, Pie IV
accorda, le 16 avril 1564, un bref pour autoriser en
Allemagne la communion sous les deux espèces. Cette
concession fut retirée, lorsque les Jésuites se furent
solidement implantés dans l'Allemagne du Sud (2).

(1) On trouvera dans l'ouvrage de M. BAGUENAULT DE PUCHESSE des
détails très complets sur la manière dont le concile fut reçu dans les
différents pays catholiques.
(2) BAGUENAULT DE PUCHESSE, p. 270.

Le catéchisme, dit du concile de Trente, parut en 1566, deux ans après l'*Index des livres défendus* (1) ; le concile, dans sa IVe session (8 avril 1546) avait sérieusement amorcé la question des livres à interdire, en traitant de l'édition et de l'usage des livres sacrés (2).

Ce décret défendait d'écrire sur la religion sans signer et sans être approuvé par l'ordinaire. La XVIIIe avait précisé un peu plus au sujet du choix des livres. Quelques-uns des Pères s'occupèrent des livres à condamner, mais, faute de temps, le concile dut, sans en prendre connaissance, renvoyer au pape le travail de ses membres. Un premier Index avait été publié par l'austère Paul IV (1554-1557), mais le premier grand Catalogue date de saint Pie V (3) (1566), qui créa la Congrégation de l'Index (19 novembre 1570 et 13 septembre 1572).

La nécessité de tenir les fidèles en garde contre les publications hétérodoxes ne paraît pas contestable. Les pamphlets haineux publiés au xvie siècle contre l'Eglise catholique n'étaient pas réellement dangereux pour la foi des catholiques, mais les auteurs sceptiques dont l'ironie et le charme sophistique dissimulent la haine pouvaient être à craindre (4).

Le premier Catalogue de l'Index n'a pas mérité longtemps la réputation de sévérité impitoyable dont il jouit auprès des non-catholiques. Sans doute, dans la trop grande hâte, on fit des excès de zèle, comme d'y inscrire le Commentaire d'Erasme sur le Nouveau Testament honoré par un bref de Léon X (5), mais c'était une fort explicable réaction contre le mouvement de la Renaissance trop imprudemment encouragé par les papes lettrés du début du xvie siècle. Beaucoup de tempéraments furent apportés aux interdictions, notamment

(1) Voir, pour les dates précises des premiers catalogues de l'Index l'ouvrage très documenté du P. HILGERS, S. J. *Der Index der verbotenen Bücher*. Fribourg-en-Brisgau, 1904. Bibl. Nat., E, 3610.
(2) CHANUT, p. 15.
(3) Il avait été lui-même devancé par l'Inquisition espagnole (1559).
(4) Cf. BOUDINHON (l'abbé). *La nouvelle législation de l'Index* (1888).
(5) CANTU: *Discours sur le Concile de Trente*, trad. fr., p. 668.

sous Benoît XIV, et plus récemment, sous Léon XIII (1),
et l'*exception* des auteurs *classiques,* tant modernes
qu'anciens, permet la lecture, moyennant précautions,
des ouvrages consacrés par l'admiration de la postérité.
Les historiens capables de séparer l'ivraie du bon grain
obtiennent d'ailleurs libéralement la permission de
de consulter les livres prohibés.

On vit alors les érudits penchés sur la correction des
livres de la Bible (car l'adoption comme seule authentique
de la Vulgate (2) nécessitait une soigneuse réédition,
dont la première fut manquée) et sur la revision des
auteurs classiques. Sans doute M. Dejob, dans son beau
livre sur l'*Influence du concile de Trente dans les
nations catholiques*, a relevé pour cette expurgation
des classiques italiens, comme l'Arioste, bien des minu-
ties. Les opinions étaient surveillées de près, et Rome
se défiait avec exagération de ses plus fidèles serviteurs
comme le prouve bien la correspondance du cardinal
Sirleto. Il fallait être un peu loin, comme les Bollandistes à Bruxelles, pour édifier avec liberté d'esprit la
monumentale collection des *Acta sanctorum*. Mais ce
serait exagérer que de réduire à un travail de critique
et d'exégèse l'œuvre de la contre-réforme catholique,
lorsqu'elle peut citer à son actif des monuments comme
le Bullaire de Chérubini et surtout les *Annales ecclésiastiques* du cardinal César Baronius.

A Rome l'austérité devenait plus grande, bien qu'il
ne faille pas juger la réaction d'après l'acte de Sixte-
Quint enlevant la statue de Trajan de sa colonne pour
l'y remplacer par celle de saint Paul. La sévérité repre-
nait réellement possession des âmes, et n'existait pas
seulement à la surface. Le milieu même était changé.
On vit à Rome des caractères et des exemples de noble

<hr>

(1) Voir notamment l'édition nouvelle de 1900, résumée dans le
livre du P. HILGERS, cité plus haut (p. 419 et suivantes).

(2) Ce premier décret dogmatique du concile de Trente avait causé
d'abord à la cour de Rome une vive surprise.

indépendance. Michel Ghisleri, commissaire général de l'Inquisition, blâma, devant l'ambassadeur de Toscane, la promotion à la dignité de cardinal du fils du grand-duc, âgé seulement de quinze ans, comme faite en dépit du décret du concile recommandant de ne pas multiplier les promotions d'enfants royaux. Devenu pape sous le nom de Pie V, il déclara par avance sans valeur toutes les grâces obtenues de lui-même contre les sentences du Saint-Office. Il n'osa cependant pas refuser le chapeau de cardinal à l'un de ses neveux (1).

Il n'y avait cependant pas à Rome que des Congrégations d'un despotisme féroce. L'art y était honoré et librement cultivé. La Congrégation de l'Oratoire, fondée par saint Philippe de Néri, donna le nom d'une nouvelle sorte de composition musicale, *l'oratorio* (ainsi appelé parce que les premiers de ces opéras furent exécutés chez les Pères de l'Oratoire). C'est un curieux exemple de la manière variée, mais toujours utile, dont les nouveaux ordres religieux ont su servir l'Eglise.

CHAPITRE IX

Les ordres nouveaux.

Il ne s'agit pas en quelques pages de caractériser les nouvelles floraisons écloses dans l'Eglise catholique au xvie et au xviie siècle ; un volume n'y suffirait pas. Il est plus à propos de voir comment le clergé régulier concourut à satisfaire les besoins révélés par la Réforme.

A l'égard des ordres religieux, les prélats agirent en conformité avec les instructions du concile, qui paraissait avoir tracé la voie sur tous les points. Il ne fallait

(1) *La Vie du B. Pie V, de l'ordre des Frères Prêcheurs*, par le P. MONIOT (Bruxelles, 1672), p. 40.

pas qu'il y eût trop de religieux pour que tous eussent de
quoi vivre : voilà pourquoi la fondation d'un nouveau
couvent n'était autorisée qu'après avis des autres couvents de la même ville et donation d'un revenu suffisant pour l'entretien de douze religieux (1). Maintenant
que les quêteurs de profession étaient abolis, les villes
tenaient à ne pas voir leurs inconvénients renaître sous
une autre forme, ce qui n'aurait pas manqué d'arriver
s'il s'était fondé de nouvelles maisons religieuses ne
pouvant vivre que de quêtes et tombant ainsi à la charge
des habitants.

La renaissance du clergé séculier comprend à la fois
la réforme des ordres anciens et la création d'ordres
nouveaux qui eut lieu en très grand nombre, malgré
toutes les précautions prises. C'est ici que se montre à
merveille l'esprit à la fois conservateur et novateur de
la cour de Rome. Personne ne contestait que dans
beaucoup de couvents ne régnât plus la ferveur nécessaire. Parfois, il faut bien le dire, le relâchement était
causé par des dispenses obtenues du Saint-Siège. La
papauté répugne à une exécution brutale ; il lui en
coûte de supprimer d'un trait des congrégations qui,
ayant rendu des services, ont droit à une fin hono-
rable. Il fallut de grands scandales tels qu'un attentat
contre saint Charles Borromée pour faire supprimer
en 1570, à Milan, l'ordre des Humiliés (2). Les ennemis
de l'Eglise pourraient tirer argument de pareils faits
pour s'élever contre elle.

Dans un projet de réforme de l'ordre des Trinitaires,
adressé au cardinal Paleotto et datant vraisemblable-
ment du milieu du xvɪᵉ siècle, se trouve cette formule :
corrigendum potius quam tollendum. Aussi la papauté
invite-t-elle à la « récollection » les anciens ordres religieux.

(1) Déjà le concile avait recommandé de ne recevoir dans les monastères que le nombre de moines que la maisonn pouvait nourrir.
Sess. XXV, 1ᵉʳ décret, ch. ɪɪɪ, p. 369.
(2) Le P. Moniot. *Vie du Bienheureux Pie V*, p. 120.

C'est un mouvement inverse de celui qui s'était produit à partir du xiii° siècle, notamment chez les Prémontrés et les Franciscains, lorsque ceux-ci avaient bien vite décidé d'accepter des prélatures, contrairement aux intentions de leurs fondateurs. De nouvelles congrégations se formèrent à l'intérieur des anciens ordres, se donnant pour but d'observer la règle primitive avec exactitude (Trinitaires, Mercédaires, Carmes). Naturellement, le pape protégea ces congrégations plus parfaites, les exempta de l'autorité de leurs supérieurs non réformés et leur donna pour guides spirituels des religieux d'une congrégation déjà réformée. Le pape savait bien, en effet, qu'on ne peut contraindre immédiatement à une vie plus austère ceux qui ont pris l'habitude d'une discipline mitigée. En tâchant de spécifier, par exemple, que les nouveaux couvents à fonder devraient tous appartenir à la congrégation déchaussée, en comblant celle-ci de faveurs, il espérait ramener peu à peu à l'observance primitive des ordres relâchés. Réussit-il dans ce dessein, il serait exagéré de l'affirmer ; tout au moins l'inspiration et le procédé étaient-ils excellents.

D'autres religieux allèrent aux dernières limites de de l'austérité, comme les Carmes dans leurs déserts (1), qui rappellent presque les Chartreux. Les provinciaux furent même priés de n'y pas venir, afin de ne pas rendre aux religieux des visites indiscrètes.

Ce ne sont d'ailleurs que de petites congrégations, réservées à des âmes d'élite, tourmentées du désir de souffrir en expiation des péchés des autres, et peu soucieuses d'exercer sur le monde une influence quelconque.

Un mouvement plus important, dans un genre tout différent, se manifesta chez les Jésuites. Cet ordre célèbre a eu la singulière destinée d'être, depuis plus de trois siècles et demi, à la fois le point de mire des plus

______

(1) Voir la *Description des déserts des Carmes déchaussés* par CYPRIEN DE LA NATIVITÉ.

furieuses attaques et l'objet de la plus grande admiration. Son église du Gésu à Rome a été un modèle d'architecture qui n'a été que trop copié. Quelque jugement que l'on puisse porter sur cet institut, on ne peut nier l'opportunité de son apparition. Par l'âge avancé auquel se prononçaient les grands vœux, auxquels le concile de Trente avait déclaré ne point vouloir toucher, les Jésuites s'assuraient un recrutement des plus sérieux. Ce qui frappe en eux, dit M. Goyau dans le *Vatican,* c'est l'unité dans la direction, la variété dans les moyens. Est-il possible, en effet, d'assimiler le rude Bourdaloue aux indulgents casuistes « qui mettent des coussins sous les coudes des pécheurs » ?

Ce qui les caractérise de préférence, c'est le retour méthodique à la dévotion *(Exercices spirituels de Saint Ignace)* et l'apostolat mondain. M. Seignobos attribue aux Jésuites les manières douces et polies du clergé depuis le XVIe siècle ; par la direction des pénitents de marque, et surtout des princes, ils exercèrent dans bien des cours une réelle influence. La pénétration des âmes des grands de la terre développa en eux cette analyse psychologique, si fameuse chez les casuistes, qui appliquèrent les procédés scolastiques à la dissection des sentiments les plus intimes.

Dans l'ordre intellectuel, les patients travaux des Bollandistes de Bruxelles méritent de ne pas être oubliés, mais la principale œuvre de la Compagnie de Jésus, ce sont ses nombreux collèges : la jalousie qu'ils excitèrent rend inutile d'en faire l'éloge et on sait l'influence extraordinaire qu'ils ont exercée sur beaucoup de leurs élèves.

D'Alembert, dans sa *Destruction des Jésuites,* blâme le savant qui, par haine de la Compagnie, avait exclu de sa bibliothèque tous les livres composés par des Jésuites, se privant ainsi de bien des trésors intellectuels. Il eût pu appliquer cet éloge indirect à bien des religieux d'alors. La Congrégation de Saint-Maur, dès la fin du xviie siècle, fit passer en proverbe le labeur consciencieux des Bénédictins. Les traditions des couvents, les vies de leurs fondateurs seront relatées avec une sincérité prouvant bien que l'Eglise est assez forte pour rejeter les traditions apocryphes et se contenter des faits bien établis.

Mais l'Eglise ne pense pas seulement aux besoins moraux et intellectuels des puissants de ce monde, quelque respectables qu'ils puissent être. Les congrégations charitables, vouées au soin des malades et à l'évangélisation des campagnes, se multiplièrent par la fondation des Théatins, « si industrieux à se faire mourir de faim », comme dit leur naïf admirateur français, le sieur des Fossés (1), des Frères et des Sœurs de la Charité, surtout des Lazaristes de Saint-Vincent de Paul. C'est par ces derniers que Cantu conclut son discours sur le Concile de Trente, en louant leurs missions de pacification en Corse. Ajoutons qu'ils trouvèrent jusque dans les pays musulmans l'emploi de leur zèle et de leurs capacités.

Pour les âmes contemplatives, chargées d'expier par leurs austérités les péchés du monde, le Carmel et la Visitation furent les asiles toujours ouverts.

En un demi-siècle, le clergé sortit renouvelé de la tourmente. *Oportet hæreses esse*, pourrait-on répéter. S'il faut qu'il y ait des hérétiques, c'est pour que la grandeur du péril donne au clergé fidèle plus de courage et d'abnégation. Le combat contre la Réforme luthérienne refit vraiment une conscience au clergé catholique, aidé par les sages avis du concile de Trente, à l'observation stricte desquels les Congrégations romaines, fondées à la fin du xvie siècle, ne manquèrent pas de veiller attentivement.

(1) *Mœurs et doctrines des RR. PP. Théatins*, Bibl. Nat., Ld, 66, 1.

APPENDICE PREMIER

La France et le concile de Trente.

La plupart des ouvrages composés en France ou dans les pays voisins, au xviie et au xviiie siècle, roulent tous sur la contradiction entre les « libertés de l'Eglise gallicane » (récemment codifiées alors par Pierre Pithou) et les décrets du concile, et concluent par suite à l'impossibilité pour la France d'accepter ceux-ci. Dans les notes du chapitre de M. Baguenault de Puchesse consacré à ce sujet sont énumérés les vingt-deux arguments dont un avocat du Parlement se servit pour repousser le concile. On sait, en effet, que, malgré toutes les objurgations du clergé (1), il n'intervint aucun acte du pouvoir royal pour accepter formellement les décrets du concile, bien que plusieurs édits et ordonnances se soient approprié les idées contenues dans certains décrets. L'acceptation hâtive prononcée, en 1593, par les Etats de la Ligue fut englobée dans l'annulation générale de tous leurs actes prononcée par le parlement. Henri IV se déroba toujours aux engagements pris par lui lors de son absolution.

Richelieu, aux Etats de 1614, parla au nom du clergé pour la réception du concile, mais, lorsqu'il devint ministre, il ne trouva pas le temps de sanctionner les mesures que le clergé prenait de lui-même, suivant le conseil de Robert Miron, l'orateur du Tiers-Etat, pour assurer le respect des décisions du concile, l'accepter en conscience et l'observer réellement, comme il le fit en réalité, à part quelques exceptions.

(1) Une *Exposition de la conduite du clergé de France à l'égard des décrets du concile de Trente* (Avignon, 1825, Bibl. Nat., Ld 3, 40) énumère avec raison toutes les Assemblées du clergé où des réclamations furent adressées en vain au pouvoir royal pour la réception du concile.

La France ne suivit guère les suggestions du concile au sujet de la résidence des évêques et du non-cumul des bénéfices. La tradition contraire tenait en grande partie à la vie de cour, dont l'Eglise de France ne peut être rendue entièrement responsable, mais qu'elle avait ardemment embrassée. Bossuet, étant précepteur du Dauphin, ne résida jamais dans son évêché de Condom. S'il séjourna plus tard à Meaux, c'est surtout à cause de la proximité où il était de Paris et de Versailles. Les prélats dont la résidence était éloignée comme Fleury à Fréjus, se disaient évêques par l'indignation divine. A la même époque, Fénelon était envoyé en disgrâce dans l'archevêché de Cambrai, où il ne se serait peut-être jamais rendu s'il était resté en faveur. Il eut l'occasion, pendant la guerre de la Succession d'Espagne, de rendre beaucoup de services à nos armées, en même temps qu'il se faisait aimer de tous par sa charité. Il est vrai que Fénelon était un prélat exceptionnel, mais on peut juger par cet illustre exemple du fruit que le clergé tout entier eût retiré de l'obligation de la résidence. Le prélat, vivant dans son diocèse, aurait pu se faire aimer comme l'abbé commendataire dans son abbaye (1), tandis que la plupart du temps il y était absolument inconnu. Cela peut expliquer les divergences entre le haut clergé et le bas clergé qui se manifestèrent au début de la Révolution.

La conscience du roi était néanmoins intéressée à l'observation du Concile. Dans des instructions à son pénitent, le futur Louis XVI, l'abbé Soldini lui conseille de rappeler la prescription de la résidence aux prélats, et de leur demander fréquemment si les affaires qui les amènent en cour sont bientôt terminées. Il engage aussi son royal pénitent à méditer le décret du Concile ordonnant de ne conférer aucun second bénéfice quand

(1) M. Funck-Brentano a montré dans l'*Affaire du Collier* combien le cardinal de Rohan se réhabilita par son séjour à la Chaise-Dieu.

le premier suffit à l'entretien du titulaire (1) et lui cite
l'illustre exemple de l'archevêque de Paris, Christophe
de Beaumont. refusant les bénéfices qu'on lui offre.

Le clergé de France ne goûta pas non plus le « concours » (2). Sans doute, il ne fut point privé des illus-
trations supérieures qui furent sa gloire, notamment
au XVIIᵉ siècle, mais les « Pères de l'Église » dont parle
La Bruyère, et les Bénédictins de Saint-Maur ne sont
pas tout le clergé. Il n'y eut point en France tous ces
Présentés, ces Lecteurs, ces Docteurs Jubilés comme il
en foisonnait en Italie et en Espagne, et si le clergé de
France était d'une tenue parfaite, il n'était peut-être
point, dans sa moyenne, égal en science à ses voisins
d'au delà des Alpes et des Pyrénées, plus fidèles obser-
vateurs des décrets du concile de Trente.

APPENDICE II

Table, par session,
des principaux Décrets dogmatiques du concile.

Session IV (8 avril 1546) : Les Ecritures canoni-
ques. — Edition et usage des livres sacrés.
  Session V (7 juin 1546) : Le péché originel.
  Session VI (13 janvier 1547) : La justification.
  Session VII (3 mars 1547) : Les Sacrements en
général. — Le Baptême et la Confirmation.

(1) Baron ANDRÉ DE MARICOURT, *En marge de notre histoire* (Paris,
1905) p. 82, 92, 91.

(2) En 1881, un prêtre du diocèse de Nîmes, l'abbé Olive, écrivit
des Lettres au pape Léon XIII pour le supplier de mettre en vigueur
dans l'Eglise de France ces règles du concours et les privilèges des
gradués, affirmant que l'instruction du clergé y gagnerait beaucoup.
Bibl. Nat., D., 66.380.

Session XIII (11 octobre 1551) : L'Eucharistie. — Décret pour remettre la décision de quatre articles touchant l'Eucharistie.

Session XIV (25 novembre 1551) : La Pénitence et l'Extrême-Onction.

Session XXI (16 juillet 1562) : De la communion sous les deux espèces et de celle des petits enfants.

Session XXII (17 septembre 1562) : La Messe. — Décret touchant les choses qu'il faut observer et éviter dans la célébration de la Messe. — Décret sur la demande du calice.

Session XXIII (15 juillet 1563) : L'Ordre.

Session XXIV (11 novembre 1563) : Le Mariage. — Décret de réformation touchant le mariage.

Session XXV (3 décembre 1563) : Décret du Purgatoire. — De l'invocation et de la vénération des Saints ; de leurs Reliques et des saintes Images. — Premier Décret de réformation sur les réguliers et les religieuses. — Second Décret de réformation.

Continuation de la session (4 décembre 1563) : Décret des indulgences. — Du catalogue des livres, bréviaire, catéchisme et missel.

BIBLIOGRAPHIE

Baguenault de Puchesse. — *Histoire du Concile de Trente*. Paris, 1871.

Baschet (Armand). — *La correspondance d'un ambassadeur vénitien au Concile de Trente*. Paris, 1870.

Chanut (l'Abbé). — *Le Saint Concile de Trente, œcuménique et général... traduit en français*. 4ᵐᵉ édition. Paris, 1705.

Dejob (Charles). — *De l'influence du Concile de Trente sur la littérature et les beaux-arts chez les peuples catholiques*. Paris, 1884.

Froude. — *Lectures on the Concil of Trient* (ne concerne que la première période), Londres, 1885.

Maynier (L.). — *Etude historique sur le Concile de Trente*. Première partie. (1545-1552) Paris, 1874.

Sickel (Th. de).— *Préface au recueil de* M. Susta : *Die Römische Curie und der Concil con Trient unter Pius IV. Erster Band*. Wien., 1904.

TABLE DES MATIÈRES